学ぶ人は、
変えて
ゆく人だ。

目の前にある問題はもちろん、

人生の問いや、

社会の課題を自ら見つけ、

挑み続けるために、人は学ぶ。

「学び」で、

少しずつ世界は変えてゆける。

いつでも、どこでも、誰でも、

学ぶことができる世の中へ。

旺文社

もくじ

※教科書によっては，中学3年生
で学習する内容が含まれます。

1 日目 be 動詞・一般動詞

基礎問題

解答 ➡ 別冊解答 2 ページ

❶ be 動詞の現在形・過去形

（　　　）内から適切な語を選び，記号を〇で囲みなさい。

(1) I （ ア is　イ am　ウ are ） Tanaka Midori.

(2) She （ ア is　イ am　ウ are ） a student.

(3) You （ ア is　イ am　ウ are ） a soccer player.

(4) I （ ア am　イ was　ウ were ） busy yesterday.

(5) My uncle （ ア is　イ was　ウ were ） in China last week.

(6) Miki and I （ ア am　イ are　ウ were ） classmates last year.

(7) Those questions （ ア is　イ was　ウ were ） difficult for me.

❷ be 動詞の疑問文・否定文

次の文を（　　　）内の指示にしたがって書きかえるとき，_____ に適切な語を入れなさい。

(1) You are Yuka.（疑問文にかえて，Yesで答える）

_____ _____ Yuka?

—— Yes, I _____.

(2) They were in Australia last year.（疑問文にかえて，Noで答える）

_____ _____ in Australia last year?

—— No, they _____ not.

(3) He was sick yesterday.（疑問文にかえて，Yesで答える）

_____ _____ sick yesterday?

—— Yes, he _____.

(4) I am from America.（否定文に）

I _____ _____ from America.

(5) We are happy.（否定文に）

We _____ _____ happy.

---

be 動詞の現在形・過去形

現在形	過去形
am	was
is	
are	were

知っトク be 動詞の意味

・「〜である」
We are students.
（私たちは学生です）

・「（〜が）いる，ある」
They are in Tokyo.
（彼らは東京にいます）

be 動詞の疑問文・否定文

疑問文

You are a student.

→ Are you a student?
（あなたは生徒ですか）

— Yes, I am.（はい）

— No, I am not.
（いいえ）

否定文

We were in Japan.

→ We were not in Japan.
（私たちは日本にいませんでした）

くわしく

主語＋be 動詞の短縮形

I am　　→ I'm
you are　→ you're
he is　　→ he's　など

be 動詞＋not の短縮形

is not　　→ isn't
are not　→ aren't
was not　→ wasn't
were not → weren't
　　　　　　　など

❸ There is[are] 〜. の文

日本文に合うように，_____に適切なbe動詞を入れなさい。

(1) いすの下にネコがいます。

　　 There _____ a cat under the chair.

(2) 公園にたくさんの人がいましたか。

　　 _____ there many people in the park?

(3) 私の家の近くにはレストランが1軒もありません。

　　 There _____ not any restaurants near my house.

❹ 一般動詞の現在形・過去形

日本文に合うように，（　　　）内の語を適切な形に直して_____に入れなさい。直す必要がなければそのまま書くこと。

(1) 私はネコが好きです。I _____ cats. (like)

(2) 彼はピアノを弾きます。He _____ the piano. (play)

(3) アキには妹がいます。Aki _____ a sister. (have)

(4) ジムは日本語を勉強しました。Jim _____ Japanese. (study)

(5) 彼はかばんを買いました。He _____ a bag. (buy)

❺ 一般動詞の疑問文・否定文

日本文に合うように，_____に適切な語を入れなさい。

(1) あなたは音楽を聞きますか。——はい，聞きます。

　　 _____ you listen to music? —— Yes, I _____.

(2) 私はテレビを見ません。

　　 I _____ _____ TV.

(3) 彼らは京都を訪れましたか。——いいえ，訪れませんでした。

　　 _____ they _____ Kyoto?

　　 —— No, they _____.

(4) マリはけさ早く起きませんでした。

　　 Mari _____ _____ up early this morning.

(5) 私の兄はギターを持っていません。

　　 My brother _____ not _____ a guitar.

There is[are] 〜. の文

〈There is[are] ＋主語＋場所を表す語句.〉

「…に〜がある[いる]」

注意！

〈There is[are] ＋主語〜.〉

ここに合わせる！

be 動詞の形は，be 動詞の後ろにある主語に合わせる！
主語が単数 → is / was
主語が複数 → are / were

一般動詞の過去形

規則動詞

・-(e)dをつける
　walk → walked
・y を i にかえて -ed をつける
　try → tried
・子音字を重ねて -ed をつける
　stop → stopped

不規則動詞

buy 　→ bought
make → made
meet → met
take 　→ took など

一般動詞の疑問文・否定文

疑問文

You live here.

→ Do you live here?
（あなたはここに住んでいますか）
— Yes, I do.（はい）
— No, I don't[do not].
　　　　　　（いいえ）

否定文

I live in Japan.

→ I do not live in Japan.
（私は日本に住んでいません）

※疑問文・否定文とも，主語が3人称単数で，現在の文のときは，does を使う。過去の文では did を使う。

基礎力確認テスト

解答 ➔ 別冊解答 2 ページ

1 (　　　)内から適切な語を選び，記号を○で囲みなさい。[4点×5]

(1) He（ ア am　イ are　ウ is ）a good student.

(2) My mother（ ア are　イ was　ウ were ）a science teacher.

(3) I（ ア send　イ sends　ウ sent ）a card to Emi last week.

(4) There（ ア am　イ are　ウ is ）three dogs under the tree.

(5) She（ ア live　イ lives　ウ lived ）in Nagasaki now.

2 次の対話が成り立つように，(　　　)内から適切な語(句)を選び，記号を○で囲みなさい。

[4点×5]

(1) A：(ア Is　イ Are　ウ Does　エ Do) your brother like movies?　〈岩手〉

　　B：Yes. He often watches American movies on TV.

(2) A：Oh, this picture is beautiful!（ ア Are　イ Do　ウ Were　エ Did ）you take it?

　　B：No. My father took it last summer.

(3) A：(ア Is　イ Are　ウ Am　エ Do) you free now?

　　B：Yes, I am.

(4) A：How many boys（ ア was　イ were　ウ do　エ did ）there at the party?

　　B：There were ten.

(5) A：Did you read this book?　〈栃木〉

　　B：(ア Yes, I did.　イ No, I didn't.　ウ Not yet.　エ I'll read it.) It was very interesting.

3 次の各組の文がほぼ同じ内容を表すように，_____に適切な語を入れなさい。[4点×3]

(1) Mr. Kato is our English teacher.

　　Mr. Kato _____ English to us.

(2) Our city doesn't have any museums.

　　There _____ _____ any museums in our city.

(3) She is a good tennis player.

　　She _____ tennis _____.

4 次の対話が成り立つように，（　　　　）内の語(句)を並べかえなさい。ただし，文頭にくる語も小文字にしてあります。[5点×3]

(1) *A* :（ in / yesterday / were / the library / you ）afternoon?

　　B : No. I was at home then.

　　_____ afternoon?

(2) *A* : Did you enjoy the school festival, Ken?　　　　　　　　　〈山形〉

　　B : Of course. We（ time / a / very / had / good ）at it.

　　We _____ at it.

(3) *A* : What did you do last night?　　　　　　　　　　　　　　〈青森〉

　　B : I（ ten / my / did / until / homework ）o'clock.

　　I _____ o'clock.

5 日本文に合うように，（　　　　）内の語(句)を並べかえなさい。ただし，文頭にくる語も小文字にしてあります。[5点×3]

(1) あれは私の自転車ではありません。　（ bike / is / my / not / that ）.

　　_____.

(2) ロンドンにはたくさんの公園と教会があります。　　　　　　　〈沖縄〉

　　（ and churches / are / many / parks / there ）in London.

　　_____ in London.

(3) あなたはいつこの絵を描いたのですか。

　　When（ picture / you / paint / did / this ）?

　　When _____?

6 次の日本文を英文にしなさい。[6点×3]

(1) 彼らは昨年，日本に来ました。

　　_____

(2) 私の父は自分の部屋にいます。

　　_____

(3) 彼女はイヌが好きではありません。

　　_____

1日目
2日目
3日目
4日目
5日目
6日目
7日目
8日目
9日目
10日目

進行形・未来を表す表現

基礎問題

解答 ➡ 別冊解答 3 ページ

1 進行形の形と意味

次の文が進行形の文になるように，（　　　）内の動詞を適切な形に直して_____に入れなさい。

(1) I am _____ to music. (listen)

(2) You are _____ a book. (read)

(3) She is _____ in the kitchen. (cook)

(4) Yuri was _____ a letter. (write)

(5) They were _____ well. (swim)

(6) He _____ running in the park now. (be)

(7) They _____ having lunch now. (be)

(8) I _____ doing my homework last night. (be)

2 進行形の疑問文・否定文

次の文を（　　　）内の指示にしたがって書きかえるとき，_____に適切な語を入れなさい。

(1) You are watching TV. （疑問文にかえて，Yes で答える）
_____ you _____ TV? —— Yes, I _____.

(2) He was running. （疑問文にかえて，No で答える）
_____ he _____? —— No, he _____ not.

(3) Sayaka is playing the piano. （否定文に）
Sayaka _____ _____ _____ the piano.

(4) I am helping my mother. （否定文に）
I _____ _____ _____ my mother.

(5) We were cleaning our classroom. （否定文に）
We _____ _____ our classroom.

進行形の形と意味

現在進行形：〈be 動詞(am, are, is)＋動詞の -ing 形〉
「(いま)～している」
I am studying English.
(私は(いま)英語を勉強しています)

過去進行形：〈be 動詞(was, were)＋動詞の -ing 形〉
「～していた」
He was playing tennis.
(彼はテニスをしていました)

くわしく
-ing 形のつくり方
ふつうは -ing をつける
　study → studying
語尾が -e … e をとり -ing をつける
　use → using
語尾が〈短母音＋子音字〉… 子音字を重ねて -ing をつける
　run → running

進行形の疑問文・否定文

疑問文：be 動詞を主語の前に出す。答えるときも be動詞を使う。
Was he playing tennis?
— Yes, he was.
— No, he wasn't[was not].
否定文：be 動詞のあとに not を入れる。
He wasn't[was not] playing tennis.

❸ 未来の文① be going to

次の文を未来の文に書きかえるとき，＿＿＿＿に適切な語を入れなさい。

(1) I study English hard.

I ＿＿＿＿＿ going to ＿＿＿＿＿ English hard.

(2) My father washes his car.

My father ＿＿＿＿＿ ＿＿＿＿＿ to wash his car.

(3) Do you use this computer? —— Yes, I do.

＿＿＿＿＿ you going to use this computer?

—— Yes, I ＿＿＿＿＿.

(4) Does he eat lunch with you? —— No, he doesn't.

＿＿＿＿＿ he going to eat lunch with you?

—— No, he ＿＿＿＿＿.

(5) She does not make a cake.

She ＿＿＿＿＿ not ＿＿＿＿＿ to make a cake.

❹ 未来の文② will

日本文に合うように，＿＿＿＿に適切な語を入れなさい。

(1) 私は来週，買い物に行くつもりです。

I ＿＿＿＿＿ ＿＿＿＿＿ shopping next week.

(2) 彼女は明日パーティーに来るでしょうか。

——ええ，来るでしょう。

＿＿＿＿＿ she ＿＿＿＿＿ to the party tomorrow?

—— Yes, she ＿＿＿＿＿.

(3) 彼らはもうすぐ，新しいコンピュータを買うでしょうか。

——いいえ，買わないでしょう。

＿＿＿＿＿ they ＿＿＿＿＿ a new computer soon?

—— No, they ＿＿＿＿＿.

(4) 私たちは今度の日曜日に野球をしないでしょう。

We ＿＿＿＿＿ play baseball next Sunday.

(5) トムは今日の午後は外出しないでしょう。

Tom ＿＿＿＿＿ ＿＿＿＿＿ go out this afternoon.

1日目
2日目
3日目
4日目
5日目
6日目
7日目
8日目
9日目
10日目

未来の文①
be going to

〈be going to＋動詞の原形〉「〜するつもりだ」「〜するだろう」

I am going to visit Nara next week.

（私は来週，奈良を訪れるつもりです）

注意！

主語が I → am
主語が you と複数 → are
主語が3人称単数 → is

疑問文：be 動詞を主語の前に出す。

Are you going to visit Nara?

— Yes, I am.

— No, I am not.

否定文：be 動詞のあとに not を入れる。

I am not going to visit Nara.

知っトク 未来を表す語句

tomorrow「明日」
soon「まもなく」
next 〜「次の[今度の]〜」

未来の文② will

〈will＋動詞の原形〉「〜するだろう」「〜するつもりだ」

Tom will come to school tomorrow.

（トムは明日，学校へ来るでしょう）

疑問文：will を主語の前に出す。

Will he come to school tomorrow?

— Yes, he will.

— No, he won't[will not].

否定文：will のあとに not を入れる。

He won't[will not] come to school tomorrow.

進行形・未来を表す表現

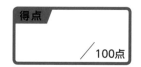
基礎力確認テスト

解答 ➔ 別冊解答 3 ページ

1 次の(　　)内の動詞を適切な形に直して_____に入れなさい。直す必要がなければそのまま書くこと。[3点×6]

(1) I _____ washing the dishes now. (be)

(2) They are _____ in the park. (run)

(3) _____ your sister sleeping now? (be)

(4) We are going to _____ at the station. (meet)

(5) Are you going to _____ soccer tomorrow? (practice)

(6) He will _____ here soon. (come)

2 (　　)内から適切な語を選び，記号を○で囲みなさい。[3点×5]

(1) Takashi and I (ア am イ are ウ was エ were) watching TV yesterday evening.

(2) She (ア am イ are ウ is エ will) going to visit London next month.

(3) Can you see the birds in the sky? One of them (ア is イ are ウ do エ does) flying very high!! 〈沖縄〉

(4) (ア Are イ Do ウ Did エ Will) they have a party next Sunday?

(5) We (ア isn't イ aren't ウ don't エ won't) going to work tomorrow.

3 次の対話が成り立つように，[　　]に入る適切なものを下から選び，記号で答えなさい。

[3点×3]

(1) A : Will you study science in the future?

　　B : [　　　　] I don't like science.

(2) A : What are you going to do next weekend?

　　B : [　　　　]

(3) A : Are you going to have a science test tomorrow?

　　B : [　　　　] So I'm studying science now.

　　ア Yes, I am.　　　　イ Yes, I will.　　　　ウ No, I'm not.

　　エ No, I won't.　　　オ I am going to go swimming.

4 次の文を( )内の指示にしたがって書きかえなさい。[4点×4]

(1) He helps his mother. (現在進行形の文に)

_____

(2) They didn't clean their classroom. (過去進行形の否定文に)

_____

(3) My brother is a teacher. (文末にnext yearを加えて)

_____

(4) Will he buy a new computer? (be going toを使ってほぼ同じ内容に)

_____

5 日本文に合うように, ( )内の語(句)を並べかえなさい。ただし, 文頭にくる語も小文字にしてあります。[7点×3]

(1) 彼は川で泳いでいません。

(is / swimming / the river / not / in / he).

_____.

(2) あなたはそのとき何をしていたのですか。

(doing / then / were / what / you)?

_____?

(3) 私は明日, 彼らと夕食を食べるつもりはありません。

(with / have / going / I'm / not / to / dinner) them tomorrow.

_____ them tomorrow.

6 次の日本文を英文にしなさい。[7点×3]

(1) あなたはいま本を読んでいるのですか。

_____

(2) 昨夜7時に彼は手紙を書いているところでした。

_____

(3) 彼らは今度の夏に北海道(Hokkaido)を訪れます。

_____

9

基礎問題

解答 ➡ 別冊解答 4 ページ

1 助動詞の文

日本文に合うように, (　　)内から適切な語を選び, _____ に入れなさい。

(1) 私は英語を話すことができます。

I _____ speak English. (can, may, must)

(2) 彼は部屋をそうじしなければなりません。

He _____ clean his room. (can, may, must)

(3) ここで泳いでもよろしい。

You _____ swim here. (can, must, should)

(4) 私たちは本をたくさん読むべきです。

We _____ read many books. (may, can, should)

2 助動詞の疑問文・否定文

次の文を(　　)内の指示にしたがって書きかえるとき, _____ に適切な語を入れなさい。

(1) He can run fast. (疑問文にかえて, Yesで答える)

_____ he _____ fast? —— Yes, he _____.

(2) I must go now. (疑問文にかえて, Yesで答える)

_____ I _____ now? —— Yes, you _____.

(3) She can play soccer well. (否定文に)

She _____ _____ soccer well.

(4) You should say that. (否定文に)

You _____ _____ say that.

(5) Mika can make a cake.(be able to を使ってほぼ同じ内容に)

Mika _____ _____ to make a cake.

助動詞の文

〈助動詞＋動詞の原形〉の形で使う。助動詞の形は主語によってかわらない。

can	〜できる, 〜してもよい
must	〜しなければならない
should	〜すべきだ

He can play the piano.
(彼はピアノを弾くことができます)

助動詞の疑問文・否定文

疑問文：助動詞を主語の前に出す。答えるときも助動詞を使う。
Can you play the piano?
— Yes, I can.
— No, I can't[cannot].
否定文：助動詞のあとに not を入れる。
She can't[cannot] play the piano.

くわしく

can と be able to
どちらも「〜できる」という意味。助動詞は2つ並べて使えないので, 未来の文では be able to を使う。
○He will be able to swim.
×He will can swim.
過去の文では could, was[were] able to となる。

❸ May[Can] I ~?, Can[Will] you ~?, Shall I[we] ~?

英文に合うように，[   ]に適切な日本語を入れなさい。

(1) May I use this chair? —— Sure.

このいすを[   ]。——いいですよ。

(2) Can you help me? —— All right.

私を[   ]。——いいですよ。

(3) Shall I make a cake? —— No, thank you.

ケーキを[   ]。——いいえ，結構です。

(4) Shall we go shopping? —— Yes, let's.

買い物に[   ]。——そうしましょう。

(5) Will you open the window? —— Sorry, I can't.

窓を[   ]。——すみませんが，できません。

❹ have[has] to の文

日本文に合うように，_____に適切な語を入れなさい。

(1) 彼女は家にいなければなりません。

She _____ _____ stay at home.

(2) 私は昨日，宿題をしなければなりませんでした。

I _____ _____ do my homework yesterday.

(3) あなたは部屋をそうじしなければなりません。

You _____ _____ clean your room.

(4) あなたはここへ来る必要はありません。

You _____ _____ to come here.

(5) 私は皿を洗わなければなりませんか。

——はい，洗わなければなりません。

_____ I _____ to wash the dishes?

—— Yes, you _____.

(6) ケンは早く寝なければなりませんか。

——いいえ，その必要はありません。

_____ Ken _____ to go to bed early?

—— No, he _____.

1日目
2日目
3日目
4日目
5日目
6日目
7日目
8日目
9日目
10日目

May[Can] I ~?
Can[Will] you ~?
Shall I[we] ~?
May[Can] I ~?「～してもいいですか」…相手に許可を求める表現
Can[Will] you ~?「～してくれませんか」…相手に依頼する表現
Shall I ~?「（私が）～しましょうか」…申し出る表現
Shall we ~?「（一緒に）～しましょうか」…勧誘・提案する表現

have[has] to の文
〈have[has] to ＋動詞の原形〉「～しなければならない」
I have to go there.
（私はそこへ行かなければなりません）

くわしく
must と have to はどちらも「～しなければならない」という意味だが，must には過去形がないので，過去の文では had toを使う。

疑問文と否定文：一般動詞の文と同じ形。do[does / did] と not を使う。
Do I have to go there?
— Yes, you do.
— No, you don't[do not].
You don't[do not] have to go there.（あなたはそこへ行く必要はありません）

注意！
must not：「～してはいけない」という禁止を表す。
don't have to：「～する必要はない」という不必要を表す。

助動詞

基礎力確認テスト

解答 ➡ 別冊解答 4 ページ

1 日本文に合うように，_____に適切な語を入れなさい。[3点×5]

(1) タロウは英語の本を読むことができます。

Taro _____ _____ English books.

(2) 私は午後，買い物に行かなければなりません。

I _____ _____ shopping in the afternoon.

(3) 私がお手伝いしましょうか。

_____ _____ help you?

(4) いまテレビを見てもいいですか。

_____ _____ watch TV now?

(5) 夕食を食べましょう。——ええ，そうしましょう。

_____ _____ eat dinner? —— Yes, let's.

2 次の各組の文がほぼ同じ内容を表すように，_____に適切な語を入れなさい。[3点×3]

(1) Jim must study math today.

Jim _____ _____ study math today.

(2) Don't eat in the library.

You _____ _____ eat in the library.

(3) I was not able to open the box.

I _____ _____ open the box.

3 次の対話が成り立つように，(　　　)内から適切なものを選び，記号を○で囲みなさい。

[5点×2]

(1) A : Can I use your *dictionary? 〈栃木〉

B : (ア Yes, I can.　イ No, I can't.　ウ Yes, of course.　エ Of course not.)
Here it is. *dictionary 辞書

(2) A : Will you show me your new bike? 〈栃木〉

B : (ア Sure.　イ Me too.　ウ That's too bad.　エ You are welcome.)

4 次の文を（　　　）内の指示にしたがって書きかえなさい。[6点×4 （(2)は各6点）]

(1) I can get up early.（否定文に）

_____

(2) They have to go home now.（①疑問文にかえて，②Noで答える文に）

① _____

② ── _____

(3) You can speak English well.（文末にsoonを加えて）

_____

5 日本文に合うように，（　　　）内の語を並べかえなさい。ただし，文頭にくる語も小文字にしてあります。[7点×3]

(1) あなたは3時にここに来なくてもいいですよ。　　　　　　　　　　　　　　　〈沖縄〉

You (to / don't / come / have) here at three.

You _____ here at three.

(2) あなたは夕食の前に宿題をするべきです。

(do / homework / should / you / before / your) dinner.

_____ dinner.

(3) ここでは英語を使わなければならないのですか。

(do / English / have / to / use / we) here?

_____ here?

6 次の日本文を，（　　　）内の語数で英文にしなさい。ただし，コンマやピリオド，?，!などの符号は1語として数えないものとする。[7点×3]

(1) あなたは上手に料理をすることができますか。（4語）

_____

(2) ピアノを弾いてくれませんか。（5語）

_____

(3) あなたたちはここで泳いではいけません。（5語）

_____

基礎問題

解答 ➡ 別冊解答 5 ページ

❶ 名詞の複数形

（　　　）内の語を適切な形に直して＿＿＿＿に入れなさい。直す必要がなければそのまま書くこと。

(1) We are ＿＿＿＿＿＿.（ student ）

(2) There are seven ＿＿＿＿＿＿ in a week.（ day ）

(3) I will buy ten ＿＿＿＿＿＿.（ dish ）

(4) We have six ＿＿＿＿＿＿ today.（ class ）

(5) I will visit five ＿＿＿＿＿＿ next summer.（ country ）

(6) There are some ＿＿＿＿＿＿ in the room.（ woman ）

(7) Five ＿＿＿＿＿＿ are swimming.（ child ）

(8) I want some ＿＿＿＿＿＿.（ water ）

(9) There were a lot of ＿＿＿＿＿＿ on the street.（ leaf ）

❷ 冠詞

a，an，the のいずれか適切な語を＿＿＿＿に入れなさい。入れる必要がなければ×を書くこと。

(1) How many pets do you have? —— I have ＿＿＿＿＿＿ dog.

(2) There is ＿＿＿＿＿＿ apple on the table.

(3) I know a nice cafe.　Let's go to ＿＿＿＿＿＿ cafe.

(4) Do you like ＿＿＿＿＿＿ cats? —— Yes.　I have two cats.

(5) I play ＿＿＿＿＿＿ guitar.

(6) I go to ＿＿＿＿＿＿ school by ＿＿＿＿＿＿ bike.

(7) I have ＿＿＿＿＿＿ cup of tea every morning.

(8) We often play ＿＿＿＿＿＿ tennis on Sundays.

名詞の複数形

数えられる名詞：複数形がある。例) cap → caps

数えられない名詞：複数形はない。例) water（水）

くわしく

複数形のつくり方

ふつうは -s をつける
　book → books

語尾が -s, -sh, -ch, -x, -o
…-es をつける
　box → boxes

語尾が〈子音字＋y〉
…y を i にかえて -es をつける
　city → cities

語尾が f(e)
…f(e) を v にかえて -es をつける
　life → lives

不規則変化
　man → men
　sheep → sheep（同形）

冠詞

数えられる名詞の単数形の前には a をつける。母音で始まる語には an をつける。一度話題に出た名詞や，何をさすかわかる名詞，楽器名などには the をつける。
There's a cat.　The cat is mine.（1匹のネコがいます。そのネコは私のです）

注意!

冠詞をつけない表現
go to bed「寝る」
go[come] to school「学校へ行く[来る]」
by car「車で」など

❸ 人称代名詞

（　　　）内から適切な語を選び，_____に入れなさい。

(1) This is Jun. _____ is my son. (He, His, Him)

(2) _____ uncle plays soccer well. (We, Our, Us)

(3) I don't know _____. (they, their, them)

(4) Can you come with _____? (I, my, me)

(5) I have a bike. You can use _____. (it, its, one)

(6) This is my camera. That's _____, too.

(I, my, mine)

(7) These are Yuri's books. Those are _____, too.

(she, her, hers)

❹ it の特別用法

日本文に合うように，_____に適切な語を入れなさい。

(1) 午後3時です。

_____ is three in the afternoon.

(2) 北海道は寒かったですか。

Was _____ cold in Hokkaido?

(3) 昨日は雪が降りました。

_____ snowed yesterday.

❺ いろいろな代名詞

日本文に合うように，（　　　）内から適切な語を選び，_____
に入れなさい。

(1) 私の両親はふたりともネコが好きです。

_____ of my parents like cats. (Both, Each)

(2) 生徒全員が楽しみました。

_____ of the students had fun. (All, Some)

(3) テーブルの上に鉛筆が2本あります。1本は長くて，もう1
本は短いです。

There are two pencils on the table. One is long and
the _____ is short. (one, other)

人称代名詞

単数

～は[が]	～の	～を[に]	～のもの
I	my	me	mine
you	your	you	yours
he	his	him	his
she	her	her	hers
it	its	it	–

複数

～は[が]	～の	～を[に]	～のもの
we	our	us	ours
you	your	you	yours
they	their	them	theirs

注意!

it は前に出た名詞を，one
は不特定のものをさす。
I have a car. It is old.
I need a new one. （私
は車を持っています。それ
は古いです。新しいのが必
要です）

知コトク 指示代名詞

this「これ」，that「あれ」は，
人やものをさす代名詞。
複数形はそれぞれ this →
these，that → those。

it の特別用法

時間・天候・寒暖・曜日・
日付などを表す文の主語に
なる。「それ」とは訳さない。
It is Friday. （金曜日です）

いろいろな代名詞

some「いくつか」
both「両方」
all「すべて，全員」
each「それぞれ」
other「ほかの人[もの]」

知コトク

2つのものの一方を one,
他方を the other で表す。
There are two cars.
One is blue and the
other is red. （車が2台
あります。1台は青で，も
う1台は赤です）

基礎力確認テスト

解答 ➔ 別冊解答 5 ページ

1 次のCとDの関係が，AとBの関係と同じになるように，_____に適切な語を入れなさい。

[2点×4]

	A	B	C	D
(1)	cup	cups	city	_____
(2)	class	classes	child	_____
(3)	I	me	he	_____
(4)	you	yours	Tom	_____

2 次の（　　）内の語を適切な形に直して_____に入れなさい。[3点×5]

(1) I don't know _____ brother well. （ he ）

(2) All of _____ are junior high school students. （ we ）

(3) I went shopping with _____ last week. （ she ）

(4) Yumi has a cat. _____ name is Jiro. （ it ）

(5) _____ uncle lives in America. （ they ）

3 （　　　）内から適切な語(句)を選び，記号を○で囲みなさい。[4点×3]

(1) （ ア Both　イ Some　ウ One　エ Many ） of my friends lives in China.　〈栃木〉

(2) My computer is very old. I'm going to buy a new （ ア this　イ that　ウ one
エ it ）.　〈神奈川〉

(3) I have two dogs. One is big and （ ア another　イ other　ウ the other
エ the others ） is small.

4 次の対話が成り立つように，_____に適切な語を入れなさい。[4点×2]

(1) A : Do you know Koji and Kenji?

B : Yes. I know _____ very well.

(2) A : Are you and Judy sisters?

B : No. _____ are good friends.

5 次の各組の文がほぼ同じ内容を表すように，_____に適切な語を入れなさい。[4点×3]

(1) This is my pencil.

This pencil is _____.

(2) She sings well.

She is a good _____.

(3) We had a lot of rain this spring.

_____ _____ a lot this spring.

6 次の文を，下線部を複数形にして書きかえなさい。[5点×3]

(1) I am a student. _____

(2) Is that your dog? _____

(3) I don't know this man. _____

7 日本文に合うように，(　　　)内の語を並べかえなさい。ただし，文頭にくる語も小文字にしてあります。[6点×3]

(1) いま，午前10時です。

(morning / in / is / it / ten / the) now.

_____ now.

(2) あれはあなたのお父さんの車ですか。

(car / father's / is / that / your)?

_____ ?

(3) ジムはお姉さんと一緒に日本語を勉強しました。

Jim (his / Japanese / sister / studied / with).

Jim _____ .

8 次の日本文を英文にしなさい。[6点×2]

(1) これは卵ではありません。ボールです。

_____

(2) 私は電車で学校へ行きます。

_____

形容詞・副詞・接続詞・前置詞

基礎問題

解答 ➡ 別冊解答 6 ページ

❶ 形容詞の使い方

(　　　　)内の語(句)が入る適切な位置を選び，記号を○で囲みなさい。

(1) That ア is イ a ウ picture. （ beautiful ）

(2) These ア books イ are ウ. （ difficult ）

(3) This is ア an イ story ウ. （ interesting ）

(4) We ア had イ snow ウ last year. （ much ）

(5) There are ア letters イ on the desk ウ. （ a few ）

(6) She is ア my イ singer ウ. （ favorite ）

(7) I want ア something イ now ウ. （ cold ）

❷ 副詞の使い方

(　　　　)内の日本語を参考に，下の [　　　] から適切な語を選び，_____ に入れなさい。

(1) This is a _____ good book. （とても）

(2) This bag is _____ big. （あまりにも）

(3) He gets up _____. （早く）

(4) I went _____ yesterday. （そこへ）

(5) She studies English _____. （一生懸命に）

(6) We _____ go shopping. （しばしば）

(7) I _____ leave home at eight. （ふつう）

(8) Tom is _____ late for school. （ときどき）

early	hard	often	sometimes
there	too	usually	very

形容詞の使い方

〈形容詞＋名詞〉：ふつう名詞の前において，その名詞を説明する。
a big apple
（大きいリンゴ）
an easy book
（やさしい本）
〈be 動詞＋形容詞〉：主語を説明する。
English is interesting.
（英語はおもしろい）

知っトク
数量を表す形容詞
many 「多数の」
much 「多量の」
a few 「少数の」
a little 「少量の」

注意！
〈-thing＋形容詞〉
something, anything など, -thing の語を修飾する形容詞は後ろにおく。
something new
（何か新しいこと）

副詞の使い方

動詞，形容詞，ほかの副詞などを修飾する。
Ken runs fast.
（ケンは速く走ります）

注意！
頻度を表す副詞は，ふつう一般動詞の前，be 動詞・助動詞のあとにおく。

❸ 接続詞

( )内の日本語を参考に，_____に適切な語を入れなさい。

(1) Mike _____ Mark are brothers. （マイクとマーク）

(2) You can have tea _____ coffee. （紅茶かコーヒー）

(3) I like dogs, _____ I don't like cats. （イヌは好きだが）

(4) I was tired, _____ I went to bed. （疲れていたので）

(5) _____ I came home, he was sleeping. （帰宅したとき）

(6) I'll go out _____ it's fine tomorrow. （晴れたら）

(7) I like Kate _____ she is kind. （親切なので）

(8) I think _____ it will rain tomorrow. （～と思う）

❹ 前置詞

[ ]内の日本語を参考に，( )内から適切な語を選び，○で囲みなさい。

(1) We have breakfast (at in) seven. ［7時に］

(2) I play baseball (on in) Sundays. ［日曜日に］

(3) He was born (at in) 2000. ［2000年に］

(4) Do your homework (after before) dinner. ［夕食前に］

(5) We stayed in Nara (during for) a week. ［1週間］

(6) My mother works (to until) five o'clock. ［5時まで］

(7) I have some friends (at in) China. ［中国に］

(8) She put some pictures (at on) the wall. ［壁に］

(9) Let's meet (at on) the library. ［図書館で］

(10) We took a bus (from to) the station. ［駅から］

(11) He was standing (by in) the door. ［ドアのそばに］

(12) I live (near under) the lake. ［湖の近くに］

(13) There is a cat (on under) the desk. ［机の下に］

(14) I usually go to school (by on) bus. ［バスで］

(15) We sometimes talk (about for) dogs. ［イヌについて］

(16) I ate lunch (by with) Mary. ［メアリーと］

(17) She bought a present (for to) John. ［ジョンに］

(18) He is a member (as of) the art club. ［美術部の］

1日目
2日目
3日目
4日目
5日目
6日目
7日目
8日目
9日目
10日目

接続詞

and, but, or, so：対等な関係で語（句）と語（句）や文と文を結ぶ。
Tom and Ken
（トムとケン）

when「～するとき」
if「もし～ならば」
because「～だから」
Ken was cooking when I called him.
（私が電話をしたとき，ケンは料理中でした）

that「～ということ」：〈that＋主語＋動詞～〉の形で，動詞のあとに続く。この that は省略できる。
I know (that) he runs fast.
（彼は走るのが速いということを私は知っています）

前置詞

時を表す：
〈at＋時刻〉「～に」
〈on＋曜日・日〉「～に」
〈in＋年・季節・月〉「～に」
after「～のあとに」
before「～の前に」
during「～の間(中)」
for「～の間」
until「～まで(ずっと)」
場所を表す：
in「～(の中)に[で]」
at「～に[で]」
on「～の上に」
under「～の下に」
by「～のそばに」
from「～から」
to「～まで」
near「～の近くに[で]」
その他：
about「～について」
as「～として」
by「～で」
for「～のために」
like「～のように」
〈... of ～〉「～の…」
with「～と(一緒に)」

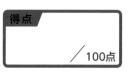
基礎力確認テスト

解答 ➡ 別冊解答 6 ページ

1 次の各組の文がほぼ同じ内容を表すように，_____ に適切な語を入れなさい。[3点×4]

(1) This is a beautiful park.

_____ park is _____.

(2) These houses are new.

These _____ _____ houses.

(3) That chair is old.

That is _____ _____ chair.

(4) Mika is a good English speaker.

Mika speaks English _____.

2 次の文の_____ に適切な語を，右の □□□ から選んで入れなさい。ただし，同じ語は二度使えません。[3点×6]

(1) That's a picture _____ my family.

(2) You can borrow these books _____ a month.

(3) I study with my friend _____ Saturdays.

(4) Mr. Green came to Japan _____ 2000.

(5) I visited my uncle _____ my stay in London.

(6) Can you come here _____ noon?

| at |
| during |
| for |
| in |
| of |
| on |

3 日本文に合うように，_____ に適切な語を入れなさい。[4点×4]

(1) 昨夜は雨がたくさん降りました。

We had _____ _____ last night.

(2) 私の母はしばしば図書館に行きます。

My mother _____ _____ to the library.

(3) 私たちは東京から仙台まで新幹線に乗ります。

We take the Shinkansen _____ Tokyo _____ Sendai.

(4) 私はケンタが病気だということを知っています。

I _____ _____ Kenta is sick.

4 (　　　)内から適切な語を選び，記号を○で囲みなさい。[3点×4]

(1) There are a (**ア** few **イ** little **ウ** many **エ** lot) desks in the room.　〈神奈川〉

(2) I lived in Australia (**ア** when **イ** that **ウ** if **エ** after) I was a little child.

　〈栃木〉

(3) I visited Nara (**ア** on **イ** in **ウ** at **エ** for) November 24, 2011.　〈神奈川〉

(4) The question was very difficult, (**ア** because **イ** if **ウ** but **エ** or) I could answer it.　〈栃木〉

5 日本文に合うように，(　　　)内の語を並べかえなさい。ただし，文頭にくる語も小文字にしてあります。[6点×4]

(1) 公園には1人も子どもがいません。

There (are / children / in / no / park / the).

There _____.

(2) 何か熱いものが欲しいですか。

(you / hot / want / do / anything)?

_____?

(3) 彼らは3時に駅に着きました。

(at / got / station / the / they / three / to).

_____.

(4) 明日晴れたら，私たちは釣りに行くつもりです。

We (if / fishing / is / go / will / it) fine tomorrow.

We _____ fine tomorrow.

6 次の日本文を英文にしなさい。[6点×3]

(1) 彼はとても速く走ることができます。

_____

(2) あなたはイヌが好きですか，それともネコが好きですか。

_____

(3) 彼が大阪(Osaka)の出身であることをあなたは知っていますか。

_____

1日目
2日目
3日目
4日目
5日目
6日目
7日目
8日目
9日目
10日目

比較表現

基礎問題

解答 ➜ 別冊解答 7 ページ

1 比較級・最上級

次の語の比較級・最上級を書きなさい。

原級	比較級	最上級
(1) old	＿＿＿＿＿＿＿	＿＿＿＿＿＿＿
(2) large	＿＿＿＿＿＿＿	＿＿＿＿＿＿＿
(3) big	＿＿＿＿＿＿＿	＿＿＿＿＿＿＿
(4) easy	＿＿＿＿＿＿＿	＿＿＿＿＿＿＿
(5) fast	＿＿＿＿＿＿＿	＿＿＿＿＿＿＿
(6) early	＿＿＿＿＿＿＿	＿＿＿＿＿＿＿
(7) interesting	＿＿＿＿＿＿＿	＿＿＿＿＿＿＿
(8) difficult	＿＿＿＿＿＿＿	＿＿＿＿＿＿＿
(9) well	＿＿＿＿＿＿＿	＿＿＿＿＿＿＿
(10) many	＿＿＿＿＿＿＿	＿＿＿＿＿＿＿

2 比較級の文

日本文に合うように，＿＿＿＿に適切な語を入れなさい。

(1) 私の兄はユミより年上です。

My brother is ＿＿＿＿＿＿ ＿＿＿＿＿＿ Yumi.

(2) 問題1は問題2より難しい。

Question 1 is ＿＿＿＿＿＿ difficult ＿＿＿＿＿＿ Question 2.

(3) トムとジムではどちらが背が高いですか。

Who is ＿＿＿＿＿＿, Tom ＿＿＿＿＿＿ Jim?

(4) この映画とあの映画ではどちらがよりわくわくしましたか。

Which was ＿＿＿＿＿＿ exciting, this movie ＿＿＿＿＿＿ that one?

比較級・最上級

形容詞・副詞の原級の語尾に，-er，-est をつけて比較級・最上級をつくる。
　old - older - oldest
つづりの長い語：原級の前に more，most をつけて比較級・最上級をつくる。
　beautiful -
　more beautiful -
　most beautiful
不規則に変化する語：
　good / well - better - best
　many / much - more - most

くわしく

-es，-est のつけ方
原級に -er，-est
　tall - taller - tallest
語尾が e … -r，-st
　nice - nicer - nicest
語尾が〈子音字＋y〉
…y を i にかえて -er，-est
　busy - busier - busiest
語尾が〈短母音＋子音字〉
…子音字を重ねて -er，-est
　hot - hotter - hottest

比較級の文

〈比較級＋than …〉「(2つを比べて)…より〜」
I am taller than Ken.
(私はケンより背が高い)
〈Which[Who] …＋比較級，A or B?〉「AとBではどちらがより〜か」

22

❸ 最上級の文

（　　　）内の日本語を参考に，_____に適切な語を入れなさい。

(1) This book is _____ easiest of the five.

(いちばん簡単な)

(2) He's the _____ player in the team. (いちばん上手な)

(3) Soccer is the _____ popular sport in my class.

(いちばん人気がある)

(4) Tom can run the fastest _____ our school. (学校で)

(5) Who is the strongest _____ all? (全員の中で)

❹ その他の比較の文

日本文に合うように，_____に適切な語を入れなさい。

(1) ユリはマリと同じくらい速く泳げます。

Yuri can swim as _____ as Mari.

(2) 私は数学より英語が好きです。

I like English _____ than math.

(3) 彼女は四季の中で春がいちばん好きです。

She likes spring the _____ of the four seasons.

(4) 東京は世界で最も大きな都市のひとつです。

Tokyo is one of the _____ cities in the world.

❺ 比較表現の書きかえ

次の文を（　　　）内の指示にしたがって書きかえるとき，_____に適切な語を入れなさい。

(1) Mt. Fuji is the highest mountain in Japan. (比較級の文に)

Mt. Fuji is _____ than any other _____ in Japan.

(2) This computer is older than that one. (原級の文に)

This computer is _____ as _____ as that one.

(3) I like tennis better than any other sport. (最上級の文に)

I like tennis _____ _____ of all sports.

1 日目
2 日目
3 日目
4 日目
5 日目
6 日目
7 日目
8 日目
9 日目
10 日目

最上級の文

〈the＋最上級＋in[of] ...〉
「(3つ以上を比べて)…の中でいちばん～」
This park is the most beautiful in our city.
(この公園は私たちの市でいちばん美しい)

くわしく
in と of の使い分け
〈in＋場所・範囲〉
in Japan, in this city
〈of＋複数を表す語句〉
of the five, of all

その他の比較の文

〈as＋原級＋as ...〉
「…と同じくらい～」
Koji is as tall as Ken.
(コウジはケンと同じくらい背が高い)
like A better than B
「BよりAが好きだ」
like A the best
「Aがいちばん好きだ」
〈one of the＋最上級＋複数名詞〉
「最も～な…のひとつ」

比較表現の書きかえ

〈比較級＋than any other＋単数名詞〉
「ほかのどの…より～」
He is taller than any other boy in his class.
(彼はクラスのほかのどの男の子よりも背が高い)
→ He is the tallest boy in his class. 〈最上級の文〉
〈not as＋原級＋as ...〉
「…ほど～でない」
My house is not as big as yours. (私の家はあなたの家ほど大きくありません)
→ Your house is bigger than mine. 〈比較級の文〉

比較表現

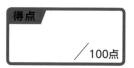

基礎力確認テスト

解答 ➡ 別冊解答7ページ

1 次の( )内の語を適切な形に直して_____に入れなさい。[3点×6]

(1) My dog is _____ than yours. (small)

(2) This is the _____ news of the year. (big)

(3) My father gets up _____ than my mother. (early)

(4) My brother runs the _____ in his class. (fast)

(5) This computer is _____ than mine. (good)

(6) You play soccer the _____ of the eleven. (well)

2 ( )内から適切な語(句)を選び，記号を○で囲みなさい。[3点×4]

(1) Yuki can speak English as (ア well　イ nice　ウ better　エ best) as Miho.

〈沖縄〉

(2) My father is the tallest (ア than　イ of　ウ in　エ with) my family.

(3) The *last question is (ア difficult　イ as difficult as　ウ more difficult

エ the most difficult) of all.　*last　最後の　〈福島〉

(4) I think baseball is (ア exciting　イ very exciting　ウ more exciting

エ the most exciting) than basketball.　〈栃木〉

3 日本文に合うように，_____に適切な語を入れなさい。[4点×4]

(1) この車はあの車と同じくらい人気があります。

This car is _____ popular _____ that one.

(2) あなたはどの季節がいちばん好きですか。

Which season do you like _____ _____?

(3) この腕時計とあなたのとではどちらが高価ですか。

Which is _____ expensive, this watch _____ yours?

(4) あなたにとっていちばん大切なものは何ですか。

What is _____ _____ important thing for you?

4 次の各組の文がほぼ同じ内容を表すように，_____に適切な語を入れなさい。[4点×3]

(1) Ms. Saito is older than my mother.

My mother is _____ than Ms. Saito.

(2) This movie isn't as interesting as that one.

That movie is _____ _____ than this one.

(3) Nancy is the best tennis player in our team.

Nancy can play tennis _____ than _____ other member in our team.

5 日本文に合うように，(   )内の語を並べかえなさい。[6点×3]

(1) カナダは日本よりずっと大きい。

(Canada / is / Japan / larger / much / than).

_____.

(2) これは日本で最も長い川のひとつです。

This is (in / longest / of / one / rivers / the) Japan.

This is _____ Japan.

(3) 彼は私と同じくらい多くの本を読みます。

He (many / I / as / books / reads / as).

He _____.

6 次の日本文を英文にしなさい。[6点×4]

(1) 私の姉は私より熱心に勉強します。

_____

(2) この本は5冊の中でいちばんおもしろい。

_____

(3) あなたは音楽と体育(P.E.)ではどちらのほうが好きですか。

_____

(4) 私の自転車はあなたのものほど新しくありません。

_____

1日目
2日目
3日目
4日目
5日目
6日目
7日目
8日目
9日目
10日目

不定詞・動名詞

基礎問題

解答 ➡ 別冊解答 8 ページ

❶ 不定詞の名詞用法

（　　　）内の語を使って，日本文に合う英文を完成させなさい。

(1) 私は公園へ行きたい。

I want ＿＿＿＿＿＿ ＿＿＿＿＿＿ to the park.（ go ）

(2) 雨が降り始めました。

It started ＿＿＿＿＿＿ ＿＿＿＿＿＿.（ rain ）

(3) エミは読書が好きです。

Emi likes ＿＿＿＿＿＿ ＿＿＿＿＿＿ books.（ read ）

(4) あなたは新しいシャツを買う必要があります。

You need ＿＿＿＿＿＿ ＿＿＿＿＿＿ a new shirt.（ buy ）

(5) テレビゲームをすることは楽しい。

＿＿＿＿＿＿ ＿＿＿＿＿＿ video games is fun.（ play ）

(6) 私の夢は医者になることです。

My dream is ＿＿＿＿＿＿ ＿＿＿＿＿＿ a doctor.（ be ）

❷ 不定詞の副詞用法

英文に合うように，[　　　]に適切な日本語を入れなさい。

(1) He came to Japan to study Japanese.

彼は日本語を [　　　　　　　　] 日本に来ました。

(2) Shall we go to see a baseball game tomorrow?

明日，野球の試合を [　　　　　　　　] 行きませんか。

(3) I'm glad to see you again.

私はまたあなたに [　　　　　　　　] うれしいです。

(4) We were sad to hear the news.

私たちはその知らせを [　　　　　　　　] 悲しかった。

不定詞の名詞用法
〈to＋動詞の原形〉を不定詞という。この形はいつもかわらない。
名詞用法は「〜すること」の意味で，文中で動詞の目的語・主語・補語になる。
I like to play baseball.
（私は野球をすることが好きです）…動詞の目的語
To cook is a lot of fun.
（料理することはとても楽しい）…主語
My job is to teach math.
（私の仕事は数学を教えることです）…補語

▶知っトク
like to 〜
「〜するのが好きだ」
want to 〜「〜したい」
begin[start] to 〜
「〜し始める」
need to 〜
「〜する必要がある」

不定詞の副詞用法
「〜するために，〜しに」の意味で，目的を表す。
I went to the park to play tennis.（私はテニスをするために公園へ行きました）
「〜して」の意味で，原因・理由を表す。
I was happy to hear the news.（私はその知らせを聞いてうれしかった）

❸ 不定詞の形容詞用法

[   ]内の日本語を参考に,(   )内の語を並べかえなさい。

(1) We have a lot of (do / things / to). [すること]

We have a lot of _____.

(2) Do you need any (books / read / to)? [読む本]

Do you need any _____?

(3) It is (up / to / time / get). [起きる時間]

It is _____.

(4) Did you get (eat / to / anything)? [何か食べ物]

Did you get _____?

❹ 動名詞

(   )内の動詞を適切な形(1語)に直して_____に入れなさい。

(1) We enjoyed _____ with Ms. Smith. (talk)

(2) I finished _____ my room. (clean)

(3) She stopped _____ to music. (listen)

(4) Mike began _____ a story. (write)

(5) _____ with friends is a lot of fun. (sing)

(6) Her job is _____ English. (teach)

(7) He went out without _____ goodbye. (say)

(8) How about _____ in the park? (run)

(9) Thank you for _____ to the party. (come)

❺ 動詞の目的語になる不定詞・動名詞

(   )内から適切な語(句)を選び,記号を○で囲みなさい。

(1) We hope (ア going イ to go) to Canada.

(2) She enjoyed (ア walking イ to walk) in the park.

(3) Ayumi wants (ア becoming イ to become) a teacher.

(4) He finished (ア washing イ to wash) his car.

(5) I decided (ア learning イ to learn) Chinese.

不定詞の形容詞用法

「~するための, ~するべき」の意味で, 前の名詞や代名詞を修飾する。
I want something to drink. (私は何か飲むものがほしい)

注意!

-thing の形の代名詞を修飾する形容詞は後ろにおく。不定詞はそのあとにおく。
something hot to eat
(何か温かい食べ物)

動名詞

〈動詞の -ing 形〉で「~すること」の意味を表し, 名詞の働きをする。
I like playing the guitar.
(私はギターを弾くことが好きです)…動詞の目的語
Taking pictures is interesting.
(写真を撮ることはおもしろい)…主語
My hobby is singing songs.
(私の趣味は歌を歌うことです)…補語
Thank you for calling.
(電話をしてくれてありがとう)…前置詞の目的語

動詞の目的語になる不定詞・動名詞

不定詞と動名詞はともに動詞の目的語になるが, 動詞によってどちらを目的語にとるかが異なる。
不定詞を目的語にとる動詞
  want, hope, decide など
動名詞を目的語にとる動詞
  enjoy, finish, stop など
両方を目的語にとる動詞
  like, start, begin など

1日目
2日目
3日目
4日目
5日目
6日目
7日目
8日目
9日目
10日目

不定詞・動名詞

基礎力確認テスト

解答 ➡ 別冊解答8ページ

1 次の（　　　）内の語を適切な形に直して＿＿＿＿に入れなさい。1語または2語で書くこと。
[2点×5]

(1) I want ＿＿＿＿＿＿ in the sea. (swim)

(2) Do you enjoy ＿＿＿＿＿＿ the guitar? (play)

(3) We hope ＿＿＿＿＿＿ your country again. (visit)

(4) Did she finish ＿＿＿＿＿＿ lunch? (eat)

(5) It stopped ＿＿＿＿＿＿ ten minutes ago. (snow)

2 次の英文を日本語にしなさい。[4点×3]

(1) I went to the library to read books.

[　　　　　　　　　　　　　　　　　　　　　　　　　　　　　　　　　]

(2) I want something to eat.

[　　　　　　　　　　　　　　　　　　　　　　　　　　　　　　　　　]

(3) Writing a letter in English is not easy.

[　　　　　　　　　　　　　　　　　　　　　　　　　　　　　　　　　]

3 日本文に合うように，＿＿＿＿に適切な語を入れなさい。[4点×5]

(1) 私は家族でテレビを見るのが好きです。

I ＿＿＿＿＿＿ ＿＿＿＿＿＿ TV with my family.

(2) 私の姉は東京で働き始めました。

My sister ＿＿＿＿＿＿ ＿＿＿＿＿＿ in Tokyo.

(3) 私はその知らせを聞いて驚きました。

I was surprised ＿＿＿＿＿＿ ＿＿＿＿＿＿ the news.

(4) 私は英語で彼に話しかけようとしました。

I ＿＿＿＿＿＿ ＿＿＿＿＿＿ speak to him in English.

(5) 将来，あなたは何になりたいですか。

What do you ＿＿＿＿＿＿ ＿＿＿＿＿＿ be in the future?

4 次の各組の文がほぼ同じ内容を表すように，_____に適切な語を入れなさい。[4点×4]

(1) I needed some milk, so I went to the supermarket.

　　I went to the supermarket _____ _____ some milk.

(2) We watched the movie on TV yesterday. We enjoyed it.

　　We _____ _____ the movie on TV yesterday.

(3) He didn't say good night when he went to bed.

　　He went to bed _____ _____ good night.

(4) Shall we eat dinner at the restaurant?

　　How _____ _____ dinner at the restaurant?

5 日本文に合うように，（　　　　）内の語を並べかえなさい。ただし，文頭にくる語も小文字にしてあります。[6点×3]

(1) 私の夢はアメリカで野球をすることです。

　　(America / baseball / dream / in / is / my / play / to).

　　_____ .

(2) 彼女は美しい写真を撮るために，京都へ行きました。

　　She (beautiful / Kyoto / to / went / take / to) pictures.

　　She _____ pictures.

(3) 今日はしなければならない宿題がたくさんあります。　　　　　　　　〈愛媛改〉

　　I have a lot (to / homework / do / of) today.

　　I have a lot _____ today.

6 次の日本文を，（　　　　）内の語を用いて英文にしなさい。[6点×4]

(1) 私は何か冷たい飲み物を買いたい。（ something ）

　　_____

(2) 私はあなたに会えてうれしい。（ to ）

　　_____

(3) 私を手伝ってくれてありがとう。（ for, me ）

　　_____

(4) ジェーンは日本の音楽について学びたいと思っている。（ Jane ）　　　〈徳島改〉

　　_____

命令文・文の構造・疑問詞

基礎問題

解答 ➜ 別冊解答 9 ページ

1 命令文

次の文を（　　　　）内の指示にしたがって書きかえるとき，＿＿＿＿＿＿に適切な語を入れなさい。

(1) You must read this.（命令文に）　＿＿＿＿＿＿ this.

(2) You should be kind.（命令文に）　＿＿＿＿＿＿ kind.

(3) Use a pen.（否定の命令文に）　＿＿＿＿＿＿ use a pen.

(4) Watch TV.（「～しよう」の文に）　＿＿＿＿＿＿ watch TV.

2 〈主語＋動詞＋補語〉の文

英文に合うように，〔　　　　〕に適切な日本語を入れなさい。

(1) Ken looks tired today.

　ケンは今日〔　　　　　　　　　　　　　　　　　　〕。

(2) The girl became a famous singer.

　その少女は〔　　　　　　　　　　　　　　　　　　〕。

(3) I feel hungry now.

　私はいま〔　　　　　　　　　　　　　　　　　　　〕。

3 〈主語＋動詞＋目的語(人)＋目的語(物)〉の文

〈主語＋動詞＋目的語＋目的語〉の文に書きかえなさい。

(1) I'll give a present to her.

　I'll ＿＿＿＿＿＿ ＿＿＿＿＿＿ a present.

(2) She showed some pictures to me.

　She ＿＿＿＿＿＿ ＿＿＿＿＿＿ some pictures.

(3) My mother made a cake for us.

　My mother ＿＿＿＿＿＿ ＿＿＿＿＿＿ a cake.

命令文

「～しなさい」… 主語を省略し，動詞の原形で始める。
Clean your room.
（部屋をそうじしなさい）
「～してはいけません」…命令文の前にDon'tをおく。
Don't be late.
（遅れてはいけません）
「～しましょう」… 命令文の前に Let's をつける。
Let's eat lunch.
（昼食を食べましょう）

〈主語＋動詞＋補語〉の文

be 動詞，become（～になる），look（～に見える）などの動詞には，主語を説明する補語が続く。
You look happy.（あなたは幸せそうに見えます）

〈主語＋動詞＋目的語(人)＋目的語(物)〉の文

動詞のあとに目的語が2つ続く。=〈動詞＋目的語(物)＋to[for]＋目的語(人)〉
I gave him a CD.（私は彼にCDをあげました）
=I gave a CD to him.

注意!

to を使う動詞
　give, send, show など
for を使う動詞
　buy, make など

❹ 疑問詞のある疑問文

(1)〜(10)は □ から，(11)〜(14)は □ から，適切な語(句)を選び，
_____に入れなさい。

(1) _____ is that woman? —— She is Ms. Ono.

(2) _____ do you want? —— I want a new watch.

(3) _____ car is yours? —— The black one is.

(4) _____ is that bike? —— It's mine.

(5) _____ plays the piano well? —— Kyoko does.

(6) _____ do you live? —— I live in Nagano.

(7) _____ day is it today? —— It's Sunday.

(8) _____ do you study? —— I study after dinner.

(9) _____ did you come here? —— I came by bike.

(10) _____ did he go to America? —— To study English.

What Where Who Why How When Which Whose

(11) _____ cats do you have? —— I have two.

(12) _____ are you? —— I'm fourteen years old.

(13) _____ is this cap? —— It's 2,000 yen.

(14) _____ do you study? —— For two hours.

How long How old How much How many

❺ 〈疑問詞＋不定詞〉

( )内の日本語を参考に，_____に適切な語を入れなさい。

(1) I don't know _____ to do for him.

(何をすればよいか)

(2) Do you know _____ _____ cook curry?

(どうやって作ればよいか)

(3) We didn't know _____ _____ practice soccer.

(どこで練習すればよいか)

(4) I asked him _____ _____ leave home.

(いつ出発すればよいか)

(5) I can't decide _____ _____ buy.

(どちらを買えばよいか)

1日目
2日目
3日目
4日目
5日目
6日目
7日目
8日目
9日目
10日目

疑問詞のある疑問文

whatやwhoのような疑問詞は文頭におき，あとに疑問文の形を続ける。
主語が疑問詞のときは〈疑問詞(主語)＋動詞 〜?〉の語順になる。

くわしく 疑問詞の意味

what「何(が[を])」
who「だれ(が)」
whose「だれの(もの)」
which「どの，どちらの，どれが[を]，どちらが[を]」
when「いつ」
where「どこで[に]」
why「なぜ」
how「どう，どのように，どれくらい」

How＋形容詞[副詞]〜?

howは「どれくらい」の意味で，形容詞や副詞とともに，次のような内容をたずねる疑問文をつくれる。
数：〈How many＋名詞の複数形 〜?〉
値段：How much 〜?
年齢：How old 〜?
長さ・期間：How long 〜?
身長・高さ：How tall 〜?
頻度：How often 〜?

〈疑問詞＋不定詞〉

〈疑問詞＋不定詞〉は名詞として働き，動詞や前置詞の目的語になる。
・how to 〜「〜の仕方，どうやって〜すればよいか」
・what to 〜「何を〜すればよいか」
・when to 〜「いつ〜すればよいか」
・where to 〜「どこで[へ]〜すればよいか」
・which to 〜「どちら[どれ]を〜すればよいか」

8 日目 命令文・文の構造・疑問詞

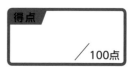

得点 ／100点

基礎力確認テスト

解答 ➡ 別冊解答 9 ページ

1 次の各組の文がほぼ同じ内容を表すように，_____に適切な語を入れなさい。[3点×5]

(1) Ken, you must not play soccer here.

Ken, _____ _____ soccer here.

(2) Shall we eat lunch in the park?

_____ _____ lunch in the park.

(3) Could you write your name here?

_____ _____ your name here.

(4) My sister made him some cookies.

My sister made some cookies _____ _____.

(5) When should I visit you? Please tell me that.

Please tell me _____ _____ visit you.

2 (   )内から適切な語を選び，記号を○で囲みなさい。[3点×7]

(1) "I feel sick."　〈神奈川〉

"Are you OK? I hope you will (ア get イ listen ウ agree エ cry) well soon."

(2) "(ア What イ Which ウ Who エ Where) drives a car in your family?"

"My parents do."

(3) "(ア Why イ Who ウ How エ What) do you come to work every day?"

"I come here by bike."　〈岩手〉

(4) I have two pens here. (ア How イ Why ウ Who エ Which) one do you want to use?　〈神奈川〉

(5) How (ア old イ long ウ many エ much) classes do you have today?　〈沖縄〉

(6) [At the bus stop]　〈福島改〉

"How (ア many イ long ウ often エ to) do the buses come?"

"They come every fifteen minutes."

(7) I don't know (ア what イ where ウ how エ when) to bring to the party.

3 次の文を，下線部をたずねる疑問文に書きかえなさい。[5点×3]

(1) He played tennis yesterday.

_____

(2) Shota goes to the library to do his homework.

_____

(3) They will come to Japan next Saturday.

_____

4 (1)・(2)は日本文に合うように，(3)・(4)は意味の通る英文になるように，(　　　)内の語を並べかえなさい。ただし，文頭にくる語も小文字にしてあります。[7点×4]

(1) 私の母はあなたに会えてとてもうれしそうでした。

(happy / looked / mother / my / very) to see you.

_____ to see you.

(2) この計画についてあなたの意見を聞かせてくれませんか。　　　　　〈沖縄〉

Can (your / me / give / idea / you) on this plan?

Can _____ on this plan?

(3) I have to meet Mr. Tanaka.　　　　　〈岩手〉

Every Wednesday (me / Japanese / he / teaches).

Every Wednesday _____.

(4) I want to go to the museum.

Could (where / get / you / me / to / tell) on the bus?

Could _____ on the bus?

5 次の日本文を英文にしなさい。[7点×3]

(1) 今日はその歌をどれくらい練習したのですか。　　　　　〈群馬〉

_____

(2) 彼女のお父さんはどこの出身ですか。

_____

(3) ジェーン(Jane)はその漢字の読み方を知りませんでした。

_____

受け身・現在完了

基礎問題

解答 → 別冊解答 10 ページ

❶ 受け身の文

(　　　)内の日本語を参考に,_____に適切な語句を入れなさい。

(1) This song _____ by many children.（愛されている）

(2) English and French _____ in Canada.

(話されている)

(3) That computer _____ by Akane yesterday.

(使われた)

(4) These books _____ last year.　　　（書かれた）

❷ 受け身の疑問文・否定文

日本文に合うように, _____に適切な語を入れなさい。

(1) これらの写真はエミリーによって撮られましたか。── はい,

そうです。

_____ these pictures _____ by Emily?

── Yes, _____ _____.

(2) 日本語はあなたの学校で教えられていますか。

── いいえ, 教えられていません。

_____ Japanese _____ at your school?

── No, _____ _____ _____.

(3) 今日の朝食は私の母によって作られませんでした。

Today's breakfast _____ _____ by my mother.

(4) 彼女はこの町の人々に知られていますか。

_____ she known _____ people in this town?

(5) 昨夜, 地面は雪におおわれていませんでした。

The ground _____ covered _____ snow last night.

受け身の文

〈be動詞＋過去分詞〉
「～される, ～されている」
English is used around the world.
（英語は世界中で使われています）
be動詞の形は主語や時制に合わせる。
「～によって」を表すときは, by ～を受け身のあとにおく。

**受け身の
疑問文・否定文**

be動詞の文と同じ。
疑問文：
Is English used around the world?（英語は世界中で使われていますか）
— Yes, it is.（はい）
— No, it isn't[is not].
（いいえ）

否定文：
This computer is not used by Tom.（このコンピュータはトムによって使われていません）

by以外の前置詞を使う受け身

・be covered with ～
「～でおおわれている」
・be known to ～
「～に知られている」
など

❸ 現在完了の完了・経験・継続用法

日本文に合うように，_____に適切な語を入れなさい。

(1) 私はちょうど夕食を食べ終えたところです。

　　I _____ just _____ eating dinner.

(2) 私の兄は一度，イタリアに行ったことがあります。

　　My brother _____ _____ to Italy once.

(3) 私たちは3年間この市に住んでいます。

　　We have _____ in this city _____ three years.

(4) 彼らは子どものころからお互いを知っています。

　　They have _____ each other _____ they were children.

(5) 私はすでに部屋をそうじしました。

　　I have _____ _____ my room.

❹ 現在完了の疑問文・否定文

次の文を（　　　）内の指示にしたがって書きかえるとき，_____
に適切な語を入れなさい。

(1) I have been busy since last week.（否定文に）

　　I _____ _____ _____ busy since last week.

(2) Masaki has already left home.

　　　　　　　　　　　　　　（文末にyetを加えて否定文に）

　　Masaki _____ _____ _____ home yet.

(3) You have visited Hokkaido.

　　　　　　　　　　　（疑問文にかえて，Yesで答える）

　　_____ you ever _____ Hokkaido?

　　—— Yes, I _____.

(4) Your sister has already done her homework.

　　　　　　　（文末にyetを加えて疑問文にし，Noで答える）

　　_____ your sister _____ her homework yet?

　　—— No, she _____.

(5) You have wanted a new car for a year.

　　　　　　　　　　　（下線部をたずねる疑問文に）

　　_____ long _____ you _____ a new car?

1日目
2日目
3日目
4日目
5日目
6日目
7日目
8日目
9日目
10日目

現在完了

〈have[has]＋過去分詞〉

・「～したところだ，～してしまった」〈完了〉
He has just arrived at the station.
（彼はちょうど駅に着いたところです）

・「～したことがある」〈経験〉
I have met you before.
（私は以前あなたに会ったことがあります）

・「(ずっと)～している」〈継続〉
I have lived in Mie for ten years.
（私は三重に10年間住んでいます）

現在完了の疑問文・否定文

疑問文

have[has]を文頭に出す。

She has been sick since yesterday.
→Has she been sick since yesterday?
（彼女は昨日からずっと具合が悪いのですか）
— Yes, she has.（はい）
— No, she hasn't[has not]（いいえ）

否定文

have[has]のあとにnotをおく。

She has stayed home for a week.
→She has not stayed home for a week.
（彼女は1週間家にいません）

受け身・現在完了

基礎力確認テスト

解答 ➡ 別冊解答 10 ページ

1 次の(　　)内の語を適切な形(2語)に直して＿＿＿＿に入れなさい。[2点×4]

(1) Nick ＿＿＿＿＿＿＿＿＿＿ Julia for two years. （ like ）

(2) This bag ＿＿＿＿＿＿＿＿＿＿ by my grandmother last year. （ make ）

(3) These songs ＿＿＿＿＿＿＿＿＿＿ at the party yesterday. （ sing ）

(4) I ＿＿＿＿＿＿＿＿＿＿ in hospital since last week. （ be ）

2 (　　)内から適切な語(句)を選び，記号を○で囲みなさい。[3点×5]

(1) That house with large windows （ ア lives　イ is　ウ was　エ were ） built ten years ago. 〈神奈川〉

(2) [On the way to school] 〈福島〉

　　A：It's warm today, too.

　　B：The weather （ ア will be　イ has been　ウ are　エ was ） warm since Monday.

(3) I （ ア meet　イ will meet　ウ was meeting　エ have met ） your brother before.

(4) I have worked as a teacher （ ア by　イ since　ウ for　エ in ） five years.

(5) The student is known （ ア for　イ in　ウ with　エ to ） everyone.

3 日本文に合うように，＿＿＿＿に適切な語を入れなさい。[3点×5]

(1) 京都は毎年多くの人に訪れられます。

　　Kyoto ＿＿＿＿＿＿ ＿＿＿＿＿＿ by many people every year.

(2) あなたは子どものころからこの町に住んでいるのですか。

　　＿＿＿＿＿＿ you ＿＿＿＿＿＿ in this town ＿＿＿＿＿＿ you were a child?

(3) 私は一度もその映画を見たことがありません。

　　I have ＿＿＿＿＿＿ ＿＿＿＿＿＿ the movie.

(4) その机はほこりでおおわれていました。

　　The desk ＿＿＿＿＿＿ ＿＿＿＿＿＿ ＿＿＿＿＿＿ dust.

(5) 彼はもう彼女の誕生日プレゼントを買いました。

　　He ＿＿＿＿＿＿ ＿＿＿＿＿＿ ＿＿＿＿＿＿ a present for her birthday.

4 次の文を（　　　）内の指示にしたがって書きかえなさい。[5点×4]

(1) My sister is busy with her work. （「先月から」という意味の語句を加えて，現在完了の文に）

_____

(2) These pictures were painted by Tomoko. （否定文に）

_____

(3) You have read this book four times. （下線部をたずねる疑問文に）

_____

(4) Bill broke the windows. （下線部を主語にした受け身の文に）

_____

5 (1)・(2)は日本文に合うように，(3)は対話が成り立つように，（　　　）内の語(句)を並べかえなさい。ただし，文頭にくる語も小文字にしてあります。[7点×3]

(1) 彼は友達からジュン（Jun）と呼ばれています。

He (by / Jun / called / his friends / is).

He _____.

(2) あなたはもう彼女に手紙を書きましたか。

(to her / you / yet / a letter / written / have)?

_____?

(3) A : (many / have / how / you / countries) visited?　　〈宮崎〉

B : Three. They are Germany, Canada and Australia.

_____ visited?

6 次の日本文を英文にしなさい。[7点×3]

(1) あなたはどのくらいの間あなたのかばんを使っているのですか。

_____

(2) それらの部屋は昨日，そうじされましたか。

_____

(3) その電車はまだ駅を出発していません。

_____

37

基礎問題

解答 ➡ 別冊解答 11 ページ

1 電話での会話

電話での会話が成り立つように，[　　　]に入る適切なものを下から選び，記号で答えなさい。

(1) *A*：Hello. This is Emi. Can I speak to Jim?

　　B：Sure. [　　　　]

(2) *A*：Hello. This is Mark. [　　　　]

　　B：I'm sorry, she's out now. [　　　]

　　A：No, I'll call back later.

ア　May I speak to Keiko?

イ　You have the wrong number.

ウ　Thank you for calling.

エ　Just a minute, please.

オ　Shall I take a message?

カ　Can I leave a message?

2 買い物での会話

(　　　)内の日本語を参考に，下の[　　　　]から適切な語を選び，_____に入れなさい。

(1) May I _____ you?（いらっしゃいませ）

(2) *A*：How _____ this one?（こちらはいかがですか）

　　B：Show me _____, please.（別のを見せてください）

(3) Can I _____ it on?（試着してもいいですか）

(4) How _____ is it?（いくらですか）

about　another　much　help　try

電話での会話

Hello. This is Bob.
（もしもし。ボブです）
Is this Mr. Smith?
（スミスさんですか）
Speaking.（私です）
Can[May] I speak to Tom?
（トムをお願いします）
Just a minute, please.
（少々お待ちください）
I'm sorry, he's out now.
（すみませんが，彼はいま出かけています）
Shall I take a message?
（伝言を承りましょうか）
Can I leave a message?
（伝言をお願いできますか）
I'll call back later.
（あとで電話します）
You have the wrong number.（番号が違います）

買い物での会話

Can[May] I help you?
（いらっしゃいませ）
How about ～?
（～はいかがですか）
I'm looking for ～.
（～を探しています）
Can I try it on?
（試着してもいいですか）
Do you have ～?
（～はありますか）
I'll take ～.
（～をいただきます）
Here you are.
（はい，どうぞ）

❸ 道案内の会話

英文に合うように，[　　　]に適切な日本語を入れなさい。

(1) Excuse me. Where is the library?

[　　　　　　　　　　　　　　　　　]。図書館はどこですか。

(2) Is there a post office near here?

この近くに[　　　　　　　　　　　　　　　　　]。

(3) Could you tell me the way to the library?

図書館へ行く[　　　　　　　　　　　　]くださいませんか。

(4) Go straight down this street.

この通りを[　　　　　　　　　　　　　　　]。

(5) Turn right at the next corner.

次の角で[　　　　　　　　　　　　　　　　]。

(6) The bank is on your left.

銀行は[　　　　　　　　　　　　　　　　　]。

(7) How long does it take to get there?

そこまで行くのに[　　　　　　　　　　　　]。

❹ いろいろな会話表現

英文への応答として適切なものを下から選び，記号で答えなさい。

(1) Hi, Ken. How are you?　　　　　　[　　　]

(2) I'm sorry. I'm late.　　　　　　　[　　　]

(3) Thank you very much.　　　　　　　[　　　]

(4) What shall we do next Sunday?　　　[　　　]

(5) Would you like some water?　　　　[　　　]

(6) My mother is sick in bed.　　　　　[　　　]

　ア That's too bad.

　イ You're welcome.

　ウ How about going swimming?

　エ I'm fine, thank you.

　オ That's all right.

　カ Yes, please.

会話表現

基礎力確認テスト

解答 ➲ 別冊解答 11 ページ

1 次の対話が成り立つように，[　　　]に入る適切なものを選び，記号で答えなさい。

[5点×7]

(1) A : May I help you?

　　B : [　　　] I'm looking for a bag.

　　　　ア Here you are.　イ Yes, please.　ウ You're welcome.　エ No, thank you.

(2) A : I'm sorry I couldn't go to dinner with you.

　　B : [　　　] Let's go next week.

　　　　ア That's nice.　イ That's right.　ウ That's all right.　エ That's too bad.

(3) A : I think summer is the best season. How about you?

　　B : [　　　] We have a long vacation in summer.

　　　　ア I think so, too.　イ I don't think so.　ウ I don't know.　エ Let's see.

(4) A : This jacket is nice but I don't like its color very much. [　　　]

　　B : How about this one?

　　　　ア I'll take it.　　　　　　　イ May I try it on?

　　　　ウ Do you have another?　　エ How much is it?

(5) A : We're going to go fishing next Sunday. [　　　]

　　B : Sounds good.

　　　　ア What do you want?　　　イ How do you feel?

　　　　ウ How do you like it?　　エ Why don't you come?

(6) A : Hello. This is Jane. Can I speak to Akira?

　　B : Sorry, he's not at home now. Shall I take a message?

　　A : No, thank you. [　　　]

　　　　ア Just a moment, please.　イ I'll call back later.

　　　　ウ See you later.　　　　　エ Hold on, please.

(7) A : Excuse me. I'm looking for the museum. [　　　]

　　B : Go down this street. You'll see it on your right.

　　　　ア How can I get there?　　イ Where should I change trains?

　　　　ウ Which bus should I take?　エ How about going there with me?

2 日本文に合うように，_____に適切な語を入れなさい。[4点×3]

(1) 昨夜のコンサートはどうでしたか。

_____ _____ the concert last night?

(2) この近くに銀行はありますか。

_____ _____ a bank near here?

(3) 私の家で音楽を聞きませんか。

How _____ _____ to music in my house?

3 日本文に合うように，(　　　)内の語を並べかえなさい。ただし，(3)は不要な語が1語含まれています。また，文頭にくる語も小文字にしてあります。[8点×4]

(1) 2つ目の角を右に曲がりなさい。

(at / corner / right / second / the / turn).

_____.

(2) コーヒーはいかがですか。

(coffee / like / some / would / you)?

_____?

(3) 明日私たちと一緒に泳ぎに行きませんか。

(go / don't / swimming / why / you / do) with us tomorrow?

_____ with us tomorrow?

(4) 病院へ行くのにどのくらい時間がかかりますか。

(to / it / how / take / to / long / get / does) the hospital?

_____ the hospital?

4 次のようなとき英語でどう言いますか。(　　　)内の語数で書きなさい。ただし，コンマやピリオド，?，!などの符号は1語として数えないものとする。[7点×3]

(1) 約束の時間に遅れて相手にあやまるとき。(4語以上)　　　　　　　　　　　　〈富山〉

_____

(2) 初対面の人に「はじめまして」と言われて，答えるとき。(4語以上)

_____

(3) 京都(Kyoto)を旅行中の人に，京都の印象をたずねるとき。(5語)

_____

1日目
2日目
3日目
4日目
5日目
6日目
7日目
8日目
9日目
10日目

1 （　　　　　）内から適切な語(句)を選び，記号を○で囲みなさい。[2点×7]

(1) I enjoyed （ **ア** watch　**イ** watched　**ウ** watching　**エ** to watch) the basketball game on TV last night.　　　　　　　　　　　　　　　〈栃木〉

(2) Takashi （ **ア** sees　**イ** looks　**ウ** watches　**エ** makes) happy when he plays baseball.　　　　　　　　　　　　　　　〈沖縄〉

(3) Which do you like （ **ア** good　**イ** well　**ウ** better　**エ** favorite), this one or that one?　　　　　　　　　　　　　　　〈沖縄〉

(4) The new English teacher from Australia （ **ア** to sing　**イ** sing　**ウ** sings　**エ** singing) very well.　　　　　　　　　　　　　　　〈神奈川〉

(5) I usually study after dinner, （ **ア** because　**イ** until　**ウ** since　**エ** but) today I studied before dinner.　　　　　　　　　　　　　　　〈栃木〉

(6) （ **ア** Is　**イ** Was　**ウ** Did　**エ** Does) Emily late for the meeting yesterday?　　　　　　　　　　　　　　　〈栃木〉

(7) I usually walk to school. （ **ア** How　**イ** What　**ウ** Whose　**エ** That) do you go to school?　　　　　　　　　　　　　　　〈神奈川〉

2 次の各組の文がほぼ同じ内容を表すように，＿＿＿＿＿＿＿に適切な語を入れなさい。[2点×5]

(1) She is a good basketball player.

She ＿＿＿＿＿＿＿＿ basketball ＿＿＿＿＿＿＿＿.

(2) We have a lot of snow in Niigata in winter.

＿＿＿＿＿＿＿＿＿ ＿＿＿＿＿＿＿＿＿ a lot in Niigata in winter.

(3) She went out but she didn't say good-bye to me.

She went out ＿＿＿＿＿＿＿＿ ＿＿＿＿＿＿＿＿ good-bye to me.

(4) Don't take pictures in the museum.

You ＿＿＿＿＿＿＿＿ ＿＿＿＿＿＿＿＿ take pictures in the museum.

(5) She usually takes a train to go to school.

She usually ＿＿＿＿＿＿＿＿ to school ＿＿＿＿＿＿＿＿ ＿＿＿＿＿＿＿＿.

3 次の対話が成り立つように，（　　　　）内から適切な語を選び，記号を○で囲みなさい。

[2点×6]

(1) A :（ ア How　イ What　ウ When　エ Why ）don't you play tennis with us?

　　B : OK. Let's go.　　　　　　　　　　　　　　　　　　　　〈神奈川〉

(2) A : How（ ア old　イ long　ウ much　エ many ）does it take to walk to the

　　　　bank?　　　　　　　　　　　　　　　　　　　　　　　　〈栃木〉

　　B : Twenty minutes, I think.

(3) [At a shop]　　　　　　　　　　　　　　　　　　　　　　　〈福島〉

　　A : This coat is really good. But it's too small. Do you have a bigger（ ア one

　　　　イ that　ウ it　エ any ）?

　　B : Yes. How about this?

(4) A : What will you do after school?　　　　　　　　　　　　　〈沖縄〉

　　B : Let's go to the library（ ア if　イ and　ウ but　エ or ）you have time.

(5) A : This is a beautiful picture.　　　　　　　　　　　　　　〈千葉〉

　　　　Who（ ア heard　イ took　ウ ate　エ became ）it?

　　B : Tomoko did when she went to the mountains last summer.

(6) [In the park]　　　　　　　　　　　　　　　　　　　　　　〈福島〉

　　A : Hi, this is my dog, John.

　　B : You have a very big dog. I have a dog, too, but he is not as big（ ア like

　　　　イ to　ウ than　エ as ）yours.

4 次の対話が成り立つように，_____に適切な語を入れなさい。[2点×5]

(1) A : What did you have for _____?　　　　　　　　　　〈佐賀〉

　　B : This morning I had rice and *miso* soup.

(2) A : This shirt is really nice. _____ _____ is it?　　〈山形〉

　　B : It's 1,500 yen.

(3) A : _____ pen is this?　　　　　　　　　　　　　　　〈岡山〉

　　B : Oh, it's mine. Thank you.

(4) A : You're late today. What time did you leave home?　　　　〈山形〉

　　B : I _____ home at 8:30. I'm sorry I'm late.

(5) A : You play baseball very well.　　　　　　　　　　　　　〈香川〉

　　B : Thank you. But Ken is a better player _____ I.

5 日本文に合うように，(　　　　)内の語を並べかえなさい。ただし，(3)・(4)は不要な語が1語含まれています。また，文頭にくる語も小文字にしてあります。[3点×4]

(1) サトシは明日のパーティーに来ると思う？　　　　　　　　　　　　　　　〈沖縄〉

Do you (that / come / Satoshi / will / think) to the party tomorrow?

Do you ＿＿＿＿＿＿＿＿＿＿＿＿＿＿＿＿＿＿＿＿ to the party tomorrow?

(2) マイク(Mike)は私に彼の写真を見せてくれました。　　　　　　　　　　〈富山〉

(picture / showed / Mike / his / me).

＿＿＿＿＿＿＿＿＿＿＿＿＿＿＿＿＿＿＿＿＿＿＿＿＿＿＿＿.

(3) 今それをする必要はありません。　　　　　　　　　　　　　　　　　　　〈沖縄〉

You (to / doing / do / have / don't) it now.

You ＿＿＿＿＿＿＿＿＿＿＿＿＿＿＿＿＿＿＿＿＿＿ it now.

(4) 毎朝何時に起きますか。　　　　　　　　　　　　　　　　　　　　　　　〈沖縄〉

(when / you / time / do / what) get up every morning?

＿＿＿＿＿＿＿＿＿＿＿＿＿＿＿＿＿＿＿＿ get up every morning?

6 次の対話が成り立つように，[　　　　]に入る適切なものを選び，記号で答えなさい。

[3点×3]

(1) A : Let's go shopping.　　　　　　　　　　　　　　　　　　　　　　　〈栃木〉

　B : [　　　　] Let's go.

　　　ア Great.　イ I'm sorry.　ウ Nice to meet you.　エ You're welcome.

(2) A : Can I use your pencil?　　　　　　　　　　　　　　　　　　　　　〈北海道〉

　B : OK. [　　　　]

　A : Thank you.

　　　ア I'll buy it.　イ Here you are.　ウ Yes, I do.　エ Give me yours.

(3) A : Oh no! It's raining. I don't have my umbrella today.　　　　　　　〈長野〉

　B : Don't worry. [　　　　] I have two.

　A : Thank you.

　　　ア May I use your umbrella?

　　　イ Shall I use your umbrella?

　　　ウ How many umbrellas do you have?

　　　エ Why don't you use my umbrella?

7 次の対話が成り立つように，（　　　）内の語(句)を並べかえなさい。ただし，文頭にくる語も小文字にしてあります。[3点×6]

(1) A：Which is her book?　　　　　　　　　　　　　　　　　　　　　　　〈宮崎〉

　　B：The (is / big / hers / one).

　　　The _____.

(2) A：Do you know John?　　　　　　　　　　　　　　　　　　　　　　　〈岩手〉

　　B：Yes. (been / have / we) friends for ten years.

　　A：You met him when you were little.

　　B：That's right.

　　　_____ friends for ten years.

(3) A：What does it say on the door?　　　　　　　　　　　　　　　　　　〈宮崎〉

　　B：It says that (not / students / to / allowed / are) enter from here.

　　　It says that _____ enter from here.

(4) A：It is very hot. Please (to drink / give / something / me).　　　　〈島根〉

　　B：Here you are.

　　　Please _____.

(5) A：Who runs faster, you or Ken?　　　　　　　　　　　　　　　　　　〈富山〉

　　B：I (fast / run / as / as) Ken.

　　　I _____ Ken.

(6) A：Have you ever been to the museum?　　　　　　　　　　　　　　　〈宮崎〉

　　B：No. Will you (get / how / me / tell / to) there?

　　　Will you _____ there?

8 次のようなとき英語でどう言いますか。英文を書きなさい。[5点×3]

(1) 相手に出身地をたずねるとき。　　　　　　　　　　　　　　　　　　　〈富山〉

　　_____

(2) 次の日曜日，絵を見に行くつもりである，と相手に伝えたいとき。　　　〈熊本〉

　　_____

(3) 音楽とスポーツのどちらのほうが好きですかと聞かれて，あなた自身が答えるとき。〈奈良改〉

　　_____

1 (　　　　)内から適切な語(句)を選び，記号を○で囲みなさい。[3点×8]

(1) (ア Get　イ Got　ウ Gotten　エ Getting) up early in the morning is not easy.　〈沖縄〉

(2) My sister and I bought this pen for (ア ours　イ our　ウ us　エ we) father. Tomorrow is his birthday.　〈神奈川〉

(3) She enjoyed swimming (ア when　イ during　ウ as　エ if) the summer vacation.　〈栃木〉

(4) Every child (ア having　イ are having　ウ have　エ has) a different dream.　〈神奈川〉

(5) Jane can speak Japanese (ア good　イ better　ウ best　エ well) than Bob.　〈栃木〉

(6) Bob left home early (ア catch　イ catches　ウ caught　エ to catch) the first train.　〈沖縄〉

(7) School starts (ア in　イ on　ウ at　エ with) September in Canada.　〈栃木〉

(8) Who (ア taking　イ took　ウ taken　エ do it take) this picture of the beautiful mountains?　〈神奈川〉

2 次の対話が成り立つように，(　　　　)内から適切な語を選び，記号を○で囲みなさい。

[3点×4]

(1) A : Which month comes after August?　〈北海道〉

　　B : (ア February　イ May　ウ September　エ July).

(2) A : Is this your book or Yuriko's?　〈沖縄〉

　　B : It's (ア I　イ mine　ウ she　エ her).

(3) A : What time did you come here?　〈岩手〉

　　B : (ア To　イ In　ウ On　エ At) 6:30.

(4) A : We are going to have a meeting in the cafeteria tomorrow.　〈兵庫改〉

　　　Please tell me (ア what　イ where　ウ when　エ which) to start.

　　B : We should start the meeting after lunch.

3 (1)・(2)は意味の通る英文になるように，(3)・(4)は対話が成り立つように，（　　　）内の語を並べかえなさい。[6点×4]

(1) I have some good books.　〈岩手〉

I think they will be (Japanese / study / useful / when / you).

I think they will be _____.

(2) My (has / eaten / cousin / never) Japanese food before.　〈栃木〉

My _____ Japanese food before.

(3) A : I was born in Canada.　〈岩手〉

B : What language do you speak in your country?

A : French and (are / English / spoken) there.

French and _____ there.

(4) A : Sorry I'm late.　〈千葉〉

B : Where were you, Taro? I was looking for you.

Don't (out / go / telling / without / me).

Don't _____.

4 次の各場面で使う表現として，適切でないものを選び，記号を○で囲みなさい。[4点×2]

(1) 道に迷って困っている人に話しかけるとき。　〈北海道〉

ア Can I help you?　　　　イ Where do you want to go?

ウ Will you help me?　　　エ What's wrong?

(2) 相手の意見に賛成するとき。　〈北海道〉

ア I think so, too.　　　　イ I think you're wrong.

ウ That's a good idea.　　エ You're right.

5 次の日本文を英文にしなさい。[7点×2]

(1) [電話で] 恵子(Keiko)さんをお願いします。　〈鳥取〉

_____

(2) すてきな葉書をありがとう。　〈群馬〉

_____

6 次は，ユキ(Yuki)とジョーンズ先生(Ms. Jones)との対話の一部である。2人は，扇子(せんす)(folding fan)について話をしている。これを読んで，下の(1)～(3)に答えなさい。〈山口改〉

[(1) 2点×3，(2)(3)各6点] 計18点

Ms. Jones : It's so hot in this room. I really don't like this hot weather.

Yuki : I know. I [①] it, either. So I always carry this.

Ms. Jones : What's that?

Yuki : It's a folding fan, a *sensu* in Japanese.

Ms. Jones : [②]?

Yuki : I can show you. We use it like this. You see? Here, try it.

Ms. Jones : Wow! That's nice.

Yuki : When I don't use it, I can close it and carry it in my bag. So ③it's useful.

Ms. Jones : I see. I also like the nice picture on it. Is it Mt. Fuji?

Yuki : Yes, you can find *various *sensu* in Japan. There are *sensu* with pictures, words, or even *fragrances.

Ms. Jones : Really? Then, I would like to get a *sensu* with a picture. I also want to buy some for my friends in America before I leave Japan.

Yuki : I think [④].

Ms. Jones : I hope so.

Yuki : Why don't you write some words on each *sensu*?

Ms. Jones : That sounds great! Then it will become a "fan letter."

(注) various 様々な　fragrances 香り

(1) ①②④の[　　]に入る最も適切なものを，**ア**～**エ**から1つずつ選び，記号を○で囲みなさい。

① **ア** like　　**イ** find　　**ウ** don't like　　**エ** don't find

② **ア** How do you use it　　　　**イ** Do you like the fan

　　ウ Where did you get it　　　　**エ** Can you say it again

④ **ア** they can't use these fans　　**イ** they will like your gifts

　　ウ they didn't give me a fan　　**エ** you don't know them

(2) 下線部③で，ユキは「扇子は便利だ」と言っているが，どのような点が便利だと言っているのか。日本語で答えなさい。

[　　　　　　　　　　　　　　　　　　　　　　　　　　　　　　　　　　　]

(3) 次の質問に対する答えが完成するように，下線部に適切な英語を書きなさい。

How will Ms. Jones make a "fan letter"?

She will make it by ＿＿＿＿＿＿＿＿＿＿＿＿＿＿＿＿＿ on the *sensu*.

[高校入試　中学1・2年の総復習　英語　三訂版]　　　　　　　　　　　　　　　　　　S4d166

中学1・2年の総復習 英語 三訂版

とりはずして使用できる！

別冊解答

[実力チェック表]

「基礎力確認テスト」「総復習テスト」の答え合わせをしたら，自分の得点をぬってみましょう。ニガテな単元がひとめでわかります。75点未満の単元は復習しましょう。復習後は，最終ページの「受験合格への道」で受験までにやることを確認しましょう。

1日目
be動詞・一般動詞
0 10 20 30 40 50 60 70 80 90 100(点) 復習日 月 日

2日目
進行形・未来を表す表現
0 10 20 30 40 50 60 70 80 90 100(点) 復習日 月 日

3日目
助動詞
0 10 20 30 40 50 60 70 80 90 100(点) 復習日 月 日

4日目
名詞・冠詞・代名詞
0 10 20 30 40 50 60 70 80 90 100(点) 復習日 月 日

5日目
形容詞・副詞・接続詞・前置詞
0 10 20 30 40 50 60 70 80 90 100(点) 復習日 月 日

6日目
比較表現
0 10 20 30 40 50 60 70 80 90 100(点) 復習日 月 日

7日目
不定詞・動名詞
0 10 20 30 40 50 60 70 80 90 100(点) 復習日 月 日

8日目
命令文・文の構造・疑問詞
0 10 20 30 40 50 60 70 80 90 100(点) 復習日 月 日

9日目
受け身・現在完了
0 10 20 30 40 50 60 70 80 90 100(点) 復習日 月 日

10日目
会話表現
0 10 20 30 40 50 60 70 80 90 100(点) 復習日 月 日

第1回 総復習テスト
0 10 20 30 40 50 60 70 80 90 100(点) 復習日 月 日

第2回 総復習テスト
0 10 20 30 40 50 60 70 80 90 100(点) 復習日 月 日

①50点未満だった単元

→理解が十分でないところがあります。教科書やワーク，参考書などのまとめのページをもう一度読み直してみましょう。何につまずいているのかを確認し，克服しておくことが大切です。

②50〜74点だった単元

→基礎は身についているようです。理解していなかった言葉や間違えた問題については，「基礎問題」のまとめのコーナーや解答解説をよく読み，正しく理解しておくようにしましょう。

③75〜100点だった単元

→よく理解できています。さらに難しい問題や応用問題にも挑戦して，得意分野にしてしまいましょう。高校入試問題に挑戦してみるのもおすすめです。

1日目 be動詞・一般動詞

➔2ページ

基礎問題 解答

1 (1) イ (2) ア (3) ウ (4) イ (5) イ (6) ウ (7) ウ

2 (1) Are you, am (2) Were they, were (3) Was he, was (4) am not
(5) are not

3 (1) is (2) Were (3) are

4 (1) like (2) plays (3) has (4) studied (5) bought

5 (1) Do, do (2) don't watch (3) Did, visit, didn't (4) didn't get (5) does, have

基礎力確認テスト 解答・解説

➔4ページ

1 (1) ウ (2) イ (3) ウ (4) イ (5) イ

2 (1) ウ (2) エ (3) イ (4) イ (5) ア

3 (1) teaches (2) are not (3) plays, well

4 (1) Were you in the library yesterday (afternoon?)
(2) (We) had a very good time (at it.)
(3) (I) did my homework until ten (o'clock.)

5 (1) That is not my bike(.) (2) There are many parks and churches (in London.)
(3) (When) did you paint this picture(?)

6 (1) They came to Japan last year. (2) My father is in his room.
(3) She doesn't[does not] like dogs.

1 (1) 主語の He は**3人称単数**なので，is を選ぶ。
(2) 主語の My mother は3人称単数なので，was を選ぶ。 (3) 過去を表す語句 last week があるので，send の過去形 sent を選ぶ。 (4) 主語の three dogs は複数なので，There are ～. とする。 (5) 主語が**3人称単数**で，now があることから現在の文なので，lives を選ぶ。

2 (1) 一般動詞の現在の疑問文。主語が3人称単数なので，主語の前に Does をおく。 (2)「いいえ。昨年の夏に父が撮りました」と過去形で答えているので，Did を使って過去の疑問文にする。 (3) 主語が you で be動詞の文なので，Are you ～?とする。 (4) There were ten. と答えているので，過去の文。主語が複数なので were を選ぶ。 (5) 過去の疑問文「あなたはこの本を読みましたか」に対する応答。「それはとてもおもしろかったです」とあるので，Yes で答える。

3 (1)「私たちの英語の先生」を「私たちに英語を教える」に書きかえる。主語が3人称単数なので teach に -es をつける。 (2)「私たちの町はひとつも美術館を持っていません」を「私たちの町にはひとつも美術館がありません」に書きかえる。主語が複数なので There are

not ～.とする。 (3)「上手なテニス選手」を「上手にテニスをする」に書きかえる。

4 (1) be動詞の were を主語の前におく。 (2) have a good time で「楽しいときを過ごす」。**和訳** A：学園祭は楽しかったですか，ケン。B：もちろんです。私たちは学園祭でとても楽しいときを過ごしました。 (3) do one's homework で「宿題をする」。until ten o'clock で「10時まで」。**和訳** A：昨夜，何をしましたか。B：私は10時まで宿題をしました。

5 (1) That is ～. で「あれは～です」。否定文は is のあとに not をおく。 (2) 〈There are＋主語＋場所を表す語句.〉の文。「たくさんの公園と教会」は many parks and churches。〈A and B〉で「AとB」。 (3) **疑問詞を用いた過去の一般動詞の疑問文**。疑問詞のあとに〈did＋主語＋動詞の原形～?〉の語順を続ける。

6 (1) 一般動詞の過去の文。come「来る」の過去形 came を使う。「昨年」は last year。 (2)「います」はbe動詞で表す。「私の父」は my father。「自分の部屋に」は in his room。 (3) 主語が3人称単数で，一般動詞の現在の否定文。〈doesn't[does not]＋動詞の原形〉を使う。

２日目 進行形・未来を表す表現

1 (1) listening　(2) reading　(3) cooking　(4) writing　(5) swimming　(6) is　(7) are　(8) was

2 (1) Are, watching, am　(2) Was, running, was　(3) is not playing　(4) am not helping　(5) weren't cleaning

3 (1) am, study　(2) is going　(3) Are, am　(4) Is, isn't　(5) is, going

4 (1) will go　(2) Will, come, will　(3) Will, buy, won't　(4) won't　(5) will not

1 (1) am　(2) running　(3) Is　(4) meet　(5) practice　(6) come

2 (1) エ　(2) ウ　(3) ア　(4) エ　(5) イ

3 (1) エ　(2) オ　(3) ア

4 (1) He's[He is] helping his mother.　(2) They weren't[were not] cleaning their classroom.
(3) My brother will[is going to] be a teacher next year.
(4) Is he going to buy a new computer?

5 (1) He is not swimming in the river(.)　(2) What were you doing then(?)
(3) I'm not going to have dinner with (them tomorrow.)

6 (1) Are you reading a book (now)?
(2) He was writing a letter at seven (o'clock) last night.
(3) They will[are going to] visit Hokkaido next[this] summer.

---

1 (1) washing と now があるので，現在進行形〈be 動詞(am, are, is)＋動詞の -ing 形〉の文。I に合わせて am にする。　(2) 現在進行形の文。run の -ing 形は n を重ねて -ing をつける。(3) sleeping と now があるので，現在進行形の疑問文。〈be 動詞＋主語＋動詞の -ing 形〜?〉。your sister に合わせて Is にする。　(4) be going to のあとには動詞の原形がくる。　(5) be going to の疑問文。〈be 動詞＋主語＋going to＋動詞の原形〜?〉。　(6) will のあとには動詞の原形がくる。

2 (1) watching と yesterday evening があるので，過去進行形〈be 動詞(was, were)＋動詞の -ing 形〉の文。主語 Takashi and I は複数なので were を選ぶ。　(2) next month と going to があるので，be going to の未来の文にする。主語が She なので be 動詞は is を使う。　(3) 「空に鳥が見えますか」より，現在のことを表している。flying があるので，現在進行形の文にする。one of 〜 は単数扱いになるので be 動詞は is を使う。　(4) next Sunday があるので，will の未来の疑問文にする。　(5)

tomorrow と going to があるので，be going to の未来の否定文にする。主語が We なので be 動詞は are を使う。

3 (1) 「理科は好きではありません」と続くので，No の答え。**won't は will not の短縮形。**
(2) 「何をするつもりですか」には Yes／No ではなく具体的に答える。　(3) 「だから，いま理科を勉強しています」と続くので Yes の答え。

4 (1)〈be 動詞＋動詞の -ing 形〉にする。　(2)〈be 動詞(was, were)＋not＋動詞の -ing 形〉にする。　(3) next year は未来を表す語句なので，be going to か will を使って未来の文にする。is の原形は be。　(4) be going to の疑問文にする。主語が he なので，be 動詞は is を使う。

5 (1) 現在進行形の否定文。be 動詞のあとに not を入れる。　(2)〈疑問詞＋be 動詞＋主語＋動詞の -ing 形〜?〉の語順。　(3) be going to の否定文。be 動詞のあとに not を入れる。

6 (1) 「〜しているのですか」は現在進行形の疑問文で表す。　(2) 「〜しているところでした」は過去進行形で表す。　(3) 「今度の夏」は未来を表すので，未来の文にする。

3日目 助動詞

➜10ページ

基礎問題 解答

1 (1) can　(2) must　(3) can　(4) should
2 (1) Can, run, can　(2) Must, go, must　(3) can't[cannot] play　(4) should not
　(5) is able
3 (1) 使ってもいいですか　(2) 手伝ってくれませんか　(3) 作りましょうか　(4) 行きましょうか
　(5) 開けてくれませんか
4 (1) has to　(2) had to　(3) have to　(4) don't have　(5) Do, have, do
　(6) Does, have, doesn't

➜12ページ

基礎力確認テスト 解答・解説

1 (1) can read　(2) must go　(3) Shall I　(4) May[Can] I　(5) Shall we
2 (1) has to　(2) must[should] not　(3) could not
3 (1) ウ　(2) ア
4 (1) I can't[cannot] get up early.
　(2) ① Do they have to go home now?　② No, they don't.
　(3) You will be able to speak English well soon.
5 (1) (You) don't have to come (here at three.)　(2) You should do your homework
　before (dinner.)
　(3) Do we have to use English (here?)
6 (1) Can you cook well?　(2) Can[Will] you play the piano?
　(3) You must not swim here.

---

1 (1)「〜できる」は〈can＋動詞の原形〉。**助動詞の形は主語によってかわらない。**　(2)「〜しなければならない」は〈must＋動詞の原形〉。(3)「(私が)〜しましょうか」はShall I 〜? で表す。　(4)「〜してもいいですか」はMay[Can] I 〜? で表す。　(5)「(一緒に)〜しましょう(か)」と考えて, Shall we 〜? の文にする。

2 (1) must 〜 を have to 〜「〜しなければならない」で表す。主語がJim なので, has にする。(2)「図書館で食事をしてはいけません」という否定の命令文。〈must[should] not＋動詞の原形〉を使って「〜してはいけない[〜すべきでない]」とする。　(3) be able to 〜「〜できる」の過去の否定文。can の過去形could を用い, あとにnot を入れる。

3 (1) Can I 〜? は「〜してもいいですか」と許可を求める文。Here it is.「はい, どうぞ」と続いているので,「はい, もちろん」と許可する応答を選ぶ。**和訳** A：あなたの辞書を使ってもいいですか。B：はい, もちろん。はい, どうぞ。(2) Will you 〜?「〜してくれませんか」という依頼に対する応答として,「もちろん」を選

ぶ。このWill you 〜? は「〜するつもりですか」という未来の疑問文ではないことに注意。**和訳** A：あなたの新しい自転車を私に見せてくれませんか。B：もちろん。

4 (1)〈can't[cannot]＋動詞の原形〉の形にする。(2) ① have to の疑問文のつくり方は一般動詞の疑問文と同じ。〈Do＋主語＋have to＋動詞の原形〜?〉の形になる。　② No の答えはNo, they don't.「いいえ, する必要はありません」。　(3) soon「まもなく」は未来を表す語。**will と can は一緒に使えないので, will be able to 〜** とする。

5 (1)「〜しなくてもいい」は〈don't have to＋動詞の原形〉の語順。　(2)〈should＋動詞の原形〉の文。　(3) 一般動詞の疑問文と同じく, 主語の前にDo を置く。

6 (1)「〜できますか」はcan の疑問文で表す。(2)「〜してくれませんか」はCan[Will] you 〜? で表す。piano の前にthe をつけるのを忘れないこと。　(3)「〜してはいけません」はmust not 〜 で表す。命令文の形でDon't swim here. とすると語数が足りないことに注意。

4日目 名詞・冠詞・代名詞

基礎問題 解答 ⟳14ページ

1 (1) students (2) days (3) dishes (4) classes (5) countries (6) women
(7) children (8) water (9) leaves

2 (1) a (2) an (3) the (4) × (5) the (6) ×, × (7) a (8) ×

3 (1) He (2) Our (3) them (4) me (5) it (6) mine (7) hers

4 (1) It (2) it (3) It

5 (1) Both (2) All (3) other

基礎力確認テスト 解答・解説 ⟳16ページ

1 (1) cities (2) children (3) him (4) Tom's

2 (1) his (2) us (3) her (4) Its (5) Their

3 (1) ウ (2) ウ (3) ウ

4 (1) them (2) We

5 (1) mine (2) singer (3) It rained

6 (1) We're[We are] students. (2) Are those your dogs?
(3) I don't know these men.

7 (1) It is ten in the morning (now.) (2) Is that your father's car(?)
(3) (Jim) studied Japanese with his sister(.)

8 (1) This isn't[is not] an egg. It's[It is] a ball.
(2) I go to school by train. / I take the train to school.

---

1 (1)(2) 単数と複数の関係。city は y を i にかえて -es をつける。**child の複数形は children**。(3)「～は」と「～を[に]」の関係。he → him となる。 (4)「～は」と「～のもの」の関係。**名詞は 's をつけると「～のもの」という意味にもなる**。Tom → Tom's とする。

2 (1)(4)(5) あとに名詞があるので「～の」の形にする。 (2)(3) 前置詞のあとなので「～を[に]」の形にする。

3 (1) 動詞が lives なので，主語を「私の友人のひとり」と3人称単数にする。**和訳** 私の友人のひとりは中国に住んでいます。 (2) 不特定の computer をさす one を選ぶ。〈a + 形容詞 + one〉で「～なもの」。**和訳** 私のコンピュータはとても古いです。新しいのを買うつもりです。 (3) 2つのうちの「一方」は one，「他方」は the other で表す。another は3つ以上の場合の「別な1つ」，the others は「残り全部」の意味を表す。**和訳** 私はイヌを2匹飼っています。1匹は大きく，もう1匹は小さいです。

4 (1) Koji and Kenji は3人称複数。動詞 know の目的語になるので them となる。 (2) you and Judy に対する答えなので1人称複数にす

る。主語なので We となる。

5 (1)「これは私の～です」を「この～は私のものです」にする。 (2)「上手に歌います」を「上手な歌い手です」にする。 (3)**天候を表す it** を主語にして，動詞は rain「雨が降る」の過去形を使う。

6 (1) 名詞を複数形にするので，冠詞の a をとる。主語も複数形にして，be 動詞は are にする。 (2) 名詞に合わせて that を複数形の those にする。be 動詞は are にする。 (3) 名詞に合わせて this を複数形の these にする。man の複数形は men。

7 (1)「～時です」は It is ～. で表す。in the morning で「朝の，午前の」。 (2)「(あなたの)お父さんの車」は father's car。 (3)「(彼の)お姉さんと」は with his sister と表す。

8 (1)「これは～ではありません」は This is not ～. で表す。egg は母音で始まる語。this は it で受け「(それは)ボールです」とする。(2)「学校へ行く」は go to school，「電車で」は by train で表す。冠詞はつけない表現。I take the train to school. としてもよい。

5日目 形容詞・副詞・接続詞・前置詞

基礎問題 解答　　　　　　　　　　　　　　　→18ページ

1 (1) ウ　(2) ウ　(3) イ　(4) イ　(5) ア　(6) イ　(7) イ

2 (1) very　(2) too　(3) early　(4) there　(5) hard　(6) often　(7) usually　(8) sometimes

3 (1) and　(2) or　(3) but　(4) so　(5) When　(6) if　(7) because　(8) that

4 (1) at　(2) on　(3) in　(4) before　(5) for　(6) until　(7) in　(8) on　(9) at　(10) from
　　(11) by　(12) near　(13) under　(14) by　(15) about　(16) with　(17) for　(18) of

基礎力確認テスト 解答・解説　　　　　　　　　→20ページ

1 (1) This, beautiful　(2) are new　(3) an old　(4) well

2 (1) of　(2) for　(3) on　(4) in　(5) during　(6) at

3 (1) much rain　(2) often goes　(3) from, to　(4) know that

4 (1) ア　(2) ア　(3) ア　(4) ウ

5 (1) (There) are no children in the park(.)　(2) Do you want anything hot(?)
　　(3) They got to the station at three(.)
　　(4) (We) will go fishing if it is (fine tomorrow.)

6 (1) He can[is able to] run very fast.
　　(2) Do you like dogs or cats? / Which do you like (better), dogs or cats?
　　(3) Do you know (that) he is[comes] from Osaka?

1 (1)〈主語＋be 動詞＋形容詞.〉の形にする。this[these]，that[those]は形容詞として「この[これらの]」「あの[あれらの]」の意味でも使う。　(2) be 動詞のあとに〈形容詞＋名詞〉を続ける。　(3) old は母音で始まるので〈an ＋形容詞(old)＋名詞〉にする。　(4)「上手に」の意味を表す副詞 well を用いる。

2 (1)「私の家族の写真」(2)「1か月間」(3)「土曜日に」(4)「2000年に」(5)「滞在の間中」(6)「正午に」

3 (1) rain は数えられない名詞なので「たくさんの」は much を使う。　(2) **頻度を表す副詞** often「しばしば」は**一般動詞の前**におく。(3) 場所を表す前置詞「～から」は from，「～まで」は to で表す。　(4) know「～を知っている」のあとに「～ということ」の意味を表す接続詞 that をおいて文を続ける。

4 (1) desk は数えられる名詞。a があるので，many ではなく few を選ぶ。a few で「少数の」の意味。なお，a をつけないで few だけを使うと「ほとんど～ない」という否定的な意味になるので注意。**和訳** 部屋にはいくつかの机があります。　(2)「～するとき」の意味を表す when を用いると文の意味が通る。**和訳** 私は小さい子どもだったとき，オーストラリアに住んでいました。

(3) November 24, 2011 は特定の日なので〈on ＋日付〉で表す。**和訳** 私は2011年11月24日に奈良を訪れました。　(4) コンマの前後の文が反対の内容を表しているので，「～だが…」の意味を表す but を使う。**和訳** その問題はとても難しかったのですが，私は答えることができました。

5 (1) There are ～. の文。「1人[ひとつ]も～ない」は〈no＋名詞〉で表す。「公園には」は in the park。　(2)「何か熱いもの」は anything のあとに hot をおいて表す。　(3)「～に着いた」は got to ～，「3時に」は at three。　(4)「～するつもりです」は未来のことを表す文。一方，**条件を表す接続詞 if に続く文の中では未来のことでも現在形で表す**ので，it is ～ とする。

6 (1)「～できる」は〈can＋動詞の原形〉で表す。can のかわりに be able to を使うこともできる。「とても速く」は very fast。　(2)「～か，それとも…か」は or を使った疑問文で表す。疑問詞 which「どちらが[を]」を用いて，Which do you like (better), dogs or cats? としてもよい。　(3)「～ということを知っている」を〈know that＋主語＋動詞～〉で表す。**この that は省略してもよい。**

6 日目 比較表現

○22ページ

基礎問題 解答

1 (1) older, oldest (2) larger, largest (3) bigger, biggest (4) easier, easiest
 (5) faster, fastest (6) earlier, earliest (7) more interesting, most interesting
 (8) more difficult, most difficult (9) better, best (10) more, most
2 (1) older than (2) more, than (3) taller, or (4) more, or
3 (1) the (2) best (3) most (4) in (5) of
4 (1) fast (2) better (3) best (4) biggest[largest]
5 (1) higher, mountain (2) not, new (3) the best

基礎力確認テスト 解答・解説

○24ページ

1 (1) smaller (2) biggest (3) earlier (4) fastest (5) better (6) best
2 (1) ア (2) ウ (3) エ (4) ウ
3 (1) as, as (2) the best (3) more, or (4) the most
4 (1) younger (2) more interesting (3) better, any
5 (1) Canada is much larger than Japan(.)
 (2) (This is) one of the longest rivers in (Japan.)
 (3) (He) reads as many books as I(.)
6 (1) My sister studies harder than I[me].
 (2) This book is the most interesting of the five.
 (3) Which do you like better, music or P.E.?
 (4) My bike isn't[is not] as new as yours.

1 (1)(3)(5) あとに than があるので比較級に。early の比較級は y を i にかえて -er をつける。**good の比較級は better**。〈比較級＋than …〉で「…より〜」の意味。 (2)(4)(6) 前にthe, あとに of または in があるので最上級に。big は g を重ねて -est をつける。**well の最上級は best**。〈the＋最上級＋in[of] …〉で「…の中でいちばん〜」の意味を表す。

2 (1)〈as＋原級＋as …〉の形にして「…と同じくらい上手に英語を話すことができます」とする。 (2) 最上級の文で「…の中で」は in か of で表す。「家族の中で」は範囲を表すので in my family とする。 (3) 最上級を選んで「全部の中でいちばん難しい」とする。difficult は most をつけて最上級にする。 (4) 比較級を選んで「…よりわくわくする」とする。exciting は more をつけて比較級にする。

3 (1)〈as＋原級＋as …〉の文。 (2)「あなたはどの〜がいちばん好きですか」は Which 〜 do you like the best? で表す。 (3)「AとBではどちらがより〜か」は〈Which … ＋比較級, A or B?〉。expensive の比較級は more をつける。

(4) important は most をつけて最上級にする。最上級の前の the を忘れないこと。

4 (1)「A は B より年上だ」は「B は A より若い」に書きかえられる。 (2)「A は B ほどおもしろくない」は「B は A よりおもしろい」ということ。interesting は more をつけて比較級にする。 (3)「〜でいちばん上手なテニス選手です」を「〜のほかのどの部員より上手にテニスができます」と考える。「…(の中)のほかのどの―より〜」は〈比較級＋than any other＋単数名詞＋in …〉の形で表す。

5 (1)「…よりずっと〜」は〈much＋比較級＋than …〉で表す。 (2)「最も〜な…のひとつ」は〈one of the＋最上級＋複数名詞〉で表す。 (3)「…と同じくらい多くの本」は as many books as … で表す。

6 (1) 比較級の文。「熱心に」は hard。 (2) 最上級の文。「5 冊の中で」は of the five。 (3)「あなたは A と B ではどちらがより好きですか」は Which do you like better, A or B? で表す。 (4)「…ほど〜でない」は〈not as＋原級＋as …〉。

基礎問題 解答　➡26ページ

1 (1) to go　(2) to rain　(3) to read　(4) to buy　(5) To play　(6) to be

2 (1) 勉強するために[勉強しに]　(2) 見（るため）に　(3) 会えて　(4) 聞いて

3 (1) things to do　(2) books to read　(3) time to get up　(4) anything to eat

4 (1) talking　(2) cleaning　(3) listening　(4) writing　(5) Singing　(6) teaching
(7) saying　(8) running　(9) coming

5 (1) イ　(2) ア　(3) イ　(4) ア　(5) イ

基礎力確認テスト 解答・解説　➡28ページ

1 (1) to swim　(2) playing　(3) to visit　(4) eating　(5) snowing

2 (1) 私は本を読むために[読みに]図書館へ行きました。
(2) 私は何か食べるもの[食べ物]がほしい。　(3) 英語で手紙を書くことは簡単ではありません。

3 (1) like watching　(2) started[began] working　(3) to hear　(4) tried to　(5) want to

4 (1) to buy[get]　(2) enjoyed watching　(3) without saying　(4) about eating

5 (1) My dream is to play baseball in America(.)
(2) (She) went to Kyoto to take beautiful (pictures.)
(3) (I have a lot) of homework to do (today.)

6 (1) I want to buy something cold to drink.
(2) I'm[I am] glad[happy] to see[meet] you.
(3) Thank you[Thanks] for helping me.
(4) Jane wants to learn about Japanese music.

1 (1)(3) 不定詞〈to＋動詞の原形〉を目的語にとる。want to ～「～したい」，hope to ～「～することを望む」。　(2)(4)(5) 動名詞（動詞の-ing 形）を目的語にとる。enjoy ～ing「～して楽しむ」，finish ～ing「～し終える」，stop ～ing「～するのをやめる」。

2 (1) to read は目的を表す副詞用法の不定詞。「～するために」と訳す。　(2) to eat は形容詞用法の不定詞。「食べる（ための）」という意味。(3) Writing は動名詞で文の主語になっている。「～すること」と訳す。

3 (1)(2) like，start[begin] は目的語に不定詞と動名詞の両方をとることができる動詞。空所の数より，ここでは動名詞を用いる。　(3)「～して驚く」は理由を表す副詞用法の不定詞を使って be surprised to ～ で表す。　(4)「～しようとした」は try to ～ の過去形で表す。try は不定詞と動名詞の両方を目的語にとれるが，「～しようと努める」の意味のときは**不定詞を用いる**。try ～ing は「(試しに)～してみる」という意味を表す。　(5)「～になりたい」は want to be ～ で表す。

4 (1)「牛乳を買うためにスーパーに行った」と言いかえる。副詞用法の不定詞で表す。　(2) it は「テレビで映画を見ること」をさす。
和訳 昨日私たちはテレビで映画を見て楽しみました。
(3)「～しないで」を without ～ing で表す。
和訳 彼はおやすみを言わないて寝ました。　(4)「～しましょうか」を「～するのはどうですか」に書きかえる。How about ～ing? で提案を表す。

5 (1)「～で野球をすること」を to play baseball in ～ と表し，文の補語にする。　(2)「美しい写真を撮るために」は to take beautiful pictures と表す。　(3)「たくさんの宿題」は a lot of homework。「しなければならない」を to do とし，homework を後ろから修飾する。

6 (1)「～を買いたい」は want to buy ～。「何か冷たい飲み物」は something cold to drink の語順で表す。　(2)「～してうれしい」は be glad [happy] to ～ で表す。　(3)「～してくれてありがとう」は Thank you[Thanks] for ～ing. で表す。　(4)「～したい」は want to ～ で表す。主語が3人称単数なので wants とすること。

8 日目 命令文・文の構造・疑問詞

基礎問題 解答　⮕30ページ

1 (1) Read　(2) Be　(3) Don't　(4) Let's
2 (1) 疲れて(いるように)見えます　(2) 有名な歌手になりました　(3) 空腹を感じています
3 (1) give her　(2) showed me　(3) made us
4 (1) Who　(2) What　(3) Which　(4) Whose　(5) Who　(6) Where　(7) What　(8) When
　　(9) How　(10) Why　(11) How many　(12) How old　(13) How much　(14) How long
5 (1) what　(2) how to　(3) where to　(4) when to　(5) which to

基礎力確認テスト 解答・解説　⮕32ページ

1 (1) don't play　(2) Let's eat　(3) Please write　(4) for him　(5) when to
2 (1) ア　(2) ウ　(3) ウ　(4) エ　(5) ウ　(6) ウ　(7) ア
3 (1) What did he do yesterday?　(2) Why does Shota go to the library?
　　(3) When will they come to Japan?
4 (1) My mother looked very happy (to see you.)
　　(2) (Can) you give me your idea (on this plan?)
　　(3) (Every Wednesday) he teaches me Japanese(.)
　　(4) (Could) you tell me where to get (on the bus?)
5 (1) How long did you practice the song today?
　　(2) Where is her father from? / Where does her father come from?
　　(3) Jane didn't[did not] know how to read the *kanji*.

1 (1) must not ～「～してはいけない」と禁止を表す文を，否定の命令文〈Don't＋動詞の原形～.〉に。Ken は呼びかけの語。　(2) Shall we ～?「～しましょうか」を〈Let's＋動詞の原形～.〉「～しましょう」の形で誘う文に。(3)「ここにあなたの名前を書いていただけませんか」と依頼を表す文を，命令文に please をつけて「(どうぞ)～してください」という文に。　(4)〈make＋目的語(人)＋目的語(物)〉を〈make＋目的語(物)＋for＋(人)〉の形に。(5)「いつ～すべきか」を when to ～で表した文に。

2 (1) get well で「元気になる」。補語の well は形容詞で「元気な」の意味。　(2)「両親が(運転)します」と答えているので，「だれが」とたずねる。　(3)「自転車でここに来ます」と答えているので，「どのように」と交通手段をたずねる。　(4) 2本のペンのうち「どちらのほうを使いたいですか」とたずねる。
(5) classes という名詞の複数形があるので〈How many＋名詞の複数形～?〉の形で数をたずねる文にする。　(6)「15分おきに来ます」と答えているので often を選んで頻度をたずねる。　(7) bring の目的語がないので what

を選んで「何を持っていけばよいか」とする。
3 (1)「何をしましたか」とたずねるときは〈What did＋主語＋do ～?〉で表す。　(2)「宿題をするために」は図書館へ行く目的を表す。why を使って目的をたずねる。　(3)「いつ来るだろうか」と時をたずねるときは when を使う。
4 (1)「とてもうれしそうでした」は looked very happy。　(2)「私にあなたの意見を言って[与えて]くれませんか」と考える。「～してくれませんか」は Can you ～?。あとに〈give＋me(人)＋your idea(物)〉の語順で続ける。
(3)〈主語(he)＋動詞(teaches)＋目的語(me)＋目的語(Japanese)〉の語順にする。
(4) Could you ～? は「～していただけませんか」。〈tell＋me(人)＋where to ～〉の語順で続ける。
5 (1)「どれくらい」と期間をたずねているので How long ～? を使う。あとに一般動詞の過去の疑問文を続ける。　(2)「～の出身です」は be from ～。場所をたずねる where を文頭におく。Where does her father come from? としてもよい。　(3)「その漢字の読み方」は how to ～「～の仕方，どうやって～すればよいか」を使って how to read the *kanji* と表す。

9日目 受け身・現在完了

基礎問題 解答　⟳34ページ

1 (1) is loved　(2) are spoken　(3) was used　(4) were written

2 (1) Were, taken, they were　(2) Is, taught, it is not　(3) wasn't made[cooked]
(4) Is, to　(5) wasn't, with

3 (1) have, finished　(2) has been　(3) lived, for　(4) known, since　(5) already cleaned

4 (1) have not been　(2) has not left　(3) Have, visited, have　(4) Has, done, hasn't
(5) How, have, wanted

基礎力確認テスト 解答・解説　⟳36ページ

1 (1) has liked　(2) was made　(3) were sung　(4) have been

2 (1) ウ　(2) イ　(3) エ　(4) ウ　(5) エ

3 (1) is visited　(2) Have, lived, since　(3) never[not] seen[watched]
(4) was covered with
(5) has already bought

4 (1) My sister has been busy with her work since last month.
(2) These pictures weren't[were not] painted by Tomoko.
(3) How many times have you read this book?
(4) The windows were broken by Bill.

5 (1) (He) is called Jun by his friends(.)　(2) Have you written a letter to her yet(?)
(3) How many countries have you (visited?)

6 (1) How long have you used your bag?　(2) Were those[the] rooms cleaned
yesterday?　(3) The train hasn't[has not] left the station yet.

---

1 (1)(4) for, since があることから現在完了の文。〈have[has]＋過去分詞〉の形にする。(2)(3) last year, yesterday があるので過去の文。主語と動詞の関係から，〈was[were]＋過去分詞〉の受け身の形にする。

2 (1)「あの家は建てられた」→〈be動詞＋過去分詞〉「～される」で表す。主語は「あの家」で単数，時制は過去。　(2) has been を選んで「月曜日からずっと暖かい」と継続を表す現在完了の文にする。　(3) before「以前に」があるので，〈経験〉を表す現在完了の文にする。(4)「期間」を表す for を選ぶ。since は「～以来，～から」。　(5) be known to ～「～に知られている」。

3 (1) 現在の文で，主語が3人称単数なのでbe動詞は is を使う。　(2) 現在完了の疑問文。〈Have＋主語＋過去分詞～?〉とする。「～から」は since。　(3)「一度も～ない」は never を使う。　(4)「～でおおわれている」は be covered with ～。　(5)「もう～した」→「すでに～した」。「すでに」は already で表し，過去分詞の前

におく。

4 (1) is→has been とする。「～から」は since。
(2) **受け身の否定文は〈be動詞＋not＋過去分詞〉。**　(3)「何回～」は **How many times ～?**。
(4) 過去の文で，受け身の文の主語が複数なので were broken とする。最後に by Bill をおく。

5 (1)「彼は A と呼ばれている」は He is called A. の語順で表す。　(2) 現在完了の疑問文。〈Have＋主語＋過去分詞～?〉の語順にする。疑問文で「もう」は文末に yet をおく。　(3) 応答の文から，「いくつの国を訪れたことがありますか」という疑問文をつくる。How many countries のあとに現在完了の疑問文の語順を続ける。

6 (1)「どのくらいの間～」は How long ～? で表す。そのあとに現在完了の疑問文を続ける。(2)「～されましたか」は過去の受け身の疑問文で表す。主語が複数なので be 動詞は were。　(3)「まだ～していません」は〈完了〉を表す現在完了の否定文。〈have[has] not＋過去分詞〉で表す。「まだ」は yet で表し，文末におく。

10日目 会話表現

基礎問題 解答　→38ページ

1 (1) エ　(2) ア，オ
2 (1) help　(2) about, another　(3) try　(4) much
3 (1) すみません　(2) 郵便局はありますか　(3) 道を教えて　(4) まっすぐ行ってください
　　(5) 右に曲がってください　(6) 左側にあります　(7) どのくらい時間がかかりますか
4 (1) エ　(2) オ　(3) イ　(4) ウ　(5) カ　(6) ア

基礎力確認テスト 解答・解説　→40ページ

1 (1) イ　(2) ウ　(3) ア　(4) ウ　(5) エ　(6) イ　(7) ア
2 (1) How was　(2) Is there　(3) about listening
3 (1) Turn right at the second corner(.)　(2) Would you like some coffee(?)
　　(3) Why don't you go swimming (with us tomorrow?)
　　(4) How long does it take to get to (the hospital?)
4 (解答例) (1) I'm sorry I'm late. / I'm sorry to be late.　(2) Nice to meet you, too.
　　(3) How do you like Kyoto?

1 (1)「お手伝いしましょうか」(店員の場合は「いらっしゃいませ」)に「ええ，お願いします」と応じる。Here you are. は「はい，どうぞ」，You're welcome. は「どういたしまして」，No, thank you. は「いいえ，結構です」。　(2) あとに「来週行きましょう」と続いているので，「かまいませんよ」と相手を許す表現を選ぶ。That's nice. は「いいですね」，That's right. は「そのとおりです」，That's too bad. は「それはお気の毒に」。　(3) How about you? は「あなたはどうですか」と相手の意見を聞くときの表現。あとに「夏には長い休みがあります」とよい点を続けているので，「夏がいちばんよい季節だ」という相手の意見に同意する「私もそう思います」を選ぶ。Let's see. は「そうですね」と考えるときの表現。　(4)「色が好きではない」と言っているので，「別のものはありますか」を選ぶ。I'll take it. は「それを買います」，May I try it on? は「試着してもいいですか」，How much is it? は「いくらですか」。　(5)「いいですね」と前の発言に賛成しているので，「来ませんか」と誘う表現を選ぶ。　(6) 電話での会話。「伝言を承りましょうか」に「いいえ，結構です」と答えているので，「あとで電話をします」と続ける。　(7)「この道を行ってください。右側に見えます」と道順を答えているので，「(美術館へは) どのように行けばよいですか」を選ぶ。

2 (1) 状態や様子をたずねて「〜はどうですか」は How is 〜? で表す。ここでは過去形の was を使う。　(2)「〜がありますか」と建物があるかどうかをたずねるときは Is there 〜? を使う。　(3)「〜しませんか」という勧誘・提案を How about 〜ing? で表す。同じ意味を，Shall we 〜?, Let's 〜. を使って表すこともできる。

3 (1) 命令文「〜しなさい」は動詞の原形で始める。「右に曲がる」は turn right。「2つ目の角」は the second corner と表し，その前に場所を表す前置詞 at をつける。　(2) ものをすすめるときの「〜はいかがですか」は Would you like 〜? で表す。　(3)「〜してはどうですか」という提案を Why don't you 〜? で表す。do が不要。「泳ぎに行く」は go swimming。　(4)「〜するのにどのくらい時間がかかりますか」は How long does it take to 〜? で表す。

4 (1)「すみません」は I'm sorry。1語以上という指示があるので，あとに I'm late や to be late をつける。　(2) Nice to meet you. には Nice to meet you, too. と応じる。　(3)「〜はいかがですか」と印象をたずねるときは How do you like 〜? と言う。

1 (1) ウ (2) イ (3) ウ (4) ウ (5) エ (6) イ (7) ア

2 (1) plays, well (2) It snows (3) without saying (4) must not (5) goes, by train

3 (1) エ (2) イ (3) ア (4) ア (5) イ (6) エ

4 (1) breakfast (2) How much (3) Whose (4) left (5) than

5 (1) (Do you) think that Satoshi will come (to the party tomorrow?)
(2) Mike showed me his picture(.) (3) (You) don't have to do (it now.)
(4) What time do you (get up every morning?)

6 (1) ア (2) イ (3) エ

7 (1) (The) big one is hers(.) (2) We have been (friends for ten years.)
(3) (It says that) students are not allowed to (enter from here.)
(4) (Please) give me something to drink(.)
(5) (I) run as fast as (Ken.)
(6) (Will you) tell me how to get (there?)

8 (解答例) (1) Where are you from? / Where do you come from?
(2) I will[am going to] go to see pictures next[this] Sunday.
(3) I like music[sports] better (than sports[music]).

1 (1) enjoy は動名詞を目的語にとる。enjoy 〜ing で「〜して楽しむ」。**和訳** 私は昨夜テレビでバスケットボールの試合を見て楽しみました。
(2) 〈look + 形容詞〉で「〜に見える」という意味になる。**和訳** タカシは野球をしているときうれしそうに見えます。
(3) Which do you like better, A or B? で「AとBではどちらのほうが好きですか」。**和訳** これとあれてはどちらのほうが好きですか。
(4) 主語は The new English teacher from Australia で3人称単数。現在の文なので sings と -s のつく形を選ぶ。**和訳** オーストラリア出身の新しい英語の先生は歌がとても上手です。
(5) コンマの前後が反対の内容を表しているので，接続詞の but を選ぶ。**和訳** 私はふつう夕食後に勉強しますが，今日は夕食の前に勉強しました。
(6) yesterday があるので過去の文。late は形容詞で be 動詞に続けて使う。主語が Emily と3人称単数なので，was を使う。**和訳** エミリーは昨日，会議に遅れましたか。
(7) how を使って交通手段をたずねる。**和訳** 私はふつう歩いて学校に行きます。あなたはどのようにして学校に行きますか。

2 (1)「上手なバスケットボールの選手だ」を一般動詞を使って表す。**和訳** 彼女はバスケットボールが上手です。
(2) **天候を表す it** を主語にする。動詞の snow

「雪が降る」には -s をつける。**和訳** 新潟では冬に雪がたくさん降る。
(3)「彼女は出ていきましたが，私にさよならを言いませんでした」。「〜を言わないで」を without 〜ing「〜しないで」を使って表す。**前置詞のあとの動詞は動名詞にする。** **和訳** 彼女は私にさよならを言わないて出ていきました。
(4) 否定の命令文を「〜してはいけない」の意味を表す must not を使って表す。**和訳** 美術館で写真を撮ってはいけません。
(5)「学校へ行くために電車に乗る」を「電車で学校に行く」と表す。「電車で」は by train。**和訳** 彼女はふつう電車で学校に行きます。

3 (1) Why don't you 〜? で「〜してはどうですか」と相手に提案する。**和訳** A：私たちと一緒にテニスをしてはどうてすか。B：いいですよ。行きましょう。
(2)「20分だと思います」と答えているので，時間の長さをたずねる。How long does it take to 〜? で「〜するのにどのくらい時間がかかりますか」。**和訳** A：銀行に歩いて行くのにどのくらい時間がかかりますか。B：20分だと思います。
(3) too 〜 は「（あまりに）〜すぎる」。「コートが小さすぎる」ため，「もっと大きいもの」を求めている。前に出たコートと同一のものをさしているわけではないので，it は使えない。不特定のものをさす one を使う。How about

this? は，店の客にものをすすめるときの表現。**[和訳]** [店で] A：このコートはとてもいいですね。でも小さすぎます。もっと大きいのはありますか。B：はい。これはどうですか。

(4)「もし〜なら」という条件を表す接続詞 if を使う。**[和訳]** A：放課後，何をするつもりですか。B：もし時間があるなら，図書館に行きましょう。

(5) take a picture で「写真を撮る」。**[和訳]** A：これは美しい写真ですね。だれが撮りましたか。B：トモコが昨年の夏，山に行ったときに撮りました。

(6)〈not as＋原級＋as ...〉で「…ほど〜でない」。**[和訳]** [公園で] A：こんにちは。これは私のイヌのジョンです。B：とても大きなイヌを飼っているのですね。私もイヌを飼っていますが，あなたのものほど大きくありません。

4 (1) けさ食べたものを答えているので，朝食に何を食べたかをたずねる。**[和訳]** A：朝食に何を食べましたか。B：けさはごはんを食べて，みそ汁を飲みました。

(2) 値段を答えているので，How much 〜?「〜はいくらですか」とたずねる。**[和訳]** A：このシャツはとてもいいですね。いくらですか。B：1,500円です。

(3)「私のものです」と答えているので，〈Whose＋名詞 〜?〉で「だれの〜ですか」と持ち主をたずねる。**[和訳]** A：これはだれのペンですか。B：ああ，私のです。ありがとう。

(4)「あなたは何時に家を出ましたか」とたずねているので，「8時30分に家を出ました」と答える。leave の過去形は left。**[和訳]** A：今日は遅いですね。何時に家を出たのですか。B：8時30分に家を出ました。遅れてすみません。

(5)〈比較級＋名詞＋than ...〉で「…より〜な—」。**[和訳]** A：あなたは野球がとても上手ですね。B：ありがとう。でも，ケンは私より上手です。

5 (1)「〜と思う」は think that 〜 で表す。that のあとは〈主語＋(助)動詞 〜〉と続く。

(2) show は2つの目的語をとる動詞。〈主語(Mike)＋動詞(showed)＋目的語(me)＋目的語(his picture)〉の語順にする。

(3)「〜する必要はない」を〈don't have to＋動詞の原形〉で表す。doing が不要。

(4)「何時に」という時刻は what time でたずねる。あとには一般動詞の疑問文の形が続く。when が不要。

6 (1) Let's 〜. は「〜しよう」。誘いに応じているので，Great.「いいですね」を選ぶ。I'm sorry. は謝るときに使う。Nice to meet you. は「はじめまして」という初対面の人に対するあいさつ。You're welcome. はお礼への「ど

ういたしまして」という返事。**[和訳]** A：買い物に行きましょう。B：いいですね。行きましょう。

(2) Can I 〜? は「〜してもいいですか」。OK. のあとに Here you are.「はい，どうぞ」を続ける。**[和訳]** A：あなたの鉛筆を使ってもいいですか。B：いいですよ。はい，どうぞ。A：ありがとう。

(3) かさを持っていない相手がお礼を言っているので「私のかさを使ってはどうですか」が適切。Why don't you 〜? は「〜してはどうですか」と提案するときに使う。May I 〜? は「〜してもいいですか」，How many 〜? は数をたずねる疑問文。**[和訳]** A：ああ，たいへんだ！雨が降っている。今日はかさを持っていないのに。B：心配しないで。私のかさを使ってはどうですか。私は2本持っているんです。A：ありがとう。

7 (1) hers は「彼女のもの」，one は book をさす。**[和訳]** A：どちらが彼女の本ですか。B：その大きいほうが彼女のものです。

(2)〈継続〉の現在完了の文。〈主語＋have[has]＋過去分詞〉の語順。**[和訳]** A：あなたはジョンを知っていますか。B：はい。私たちは10年来の友達です。A：あなたは小さいころに彼と出会ったのですね。B：そのとおりです。

(3) 受け身の否定文。〈be動詞＋not＋過去分詞〉。**[和訳]** A：ドアに何と書いてあるのですか。B：「生徒はここから入るのを許されていません」と書いてあります。

(4) Please 〜. 「〜してください」の文。〈give＋目的語(人)＋目的語(物)〉の語順にする。to drink は形容詞用法の不定詞で，something を後ろから修飾する。**[和訳]** A：とても暑いですね。私に何か飲み物をください。B：はい，どうぞ。

(5)〈as＋原級＋as ...〉で「…と同じくらい〜」。**[和訳]** A：あなたとケンではどちらがより速く走りますか。B：私はケンと同じくらい速く走ります。

(6)〈tell＋目的語(人)＋目的語(物)〉の(物)の部分が〈疑問詞＋不定詞〉になった文にする。**[和訳]** A：あなたは今までに美術館に行ったことがありますか。B：いいえ。そこへの行き方を私に教えてくれますか。

8 (1)「あなたはどこの出身ですか」は Where で始める。「〜の出身です」は be from 〜。Where do you come from? でもよい。

(2) 未来の文。「〜するつもりです」は〈will＋動詞の原形〉，「〜を見に行く」は目的を表す副詞用法の不定詞を使って表す。「次の日曜日(に)」は next Sunday。〈be going to＋動詞の原形〉を使って表してもよい。

(3) どちらかを選んで，I like 〜 better.「私は〜のほうが好きです」と答える。

解答

1 (1) エ　(2) イ　(3) イ　(4) エ　(5) イ　(6) エ　(7) ア　(8) イ

2 (1) ウ　(2) イ　(3) エ　(4) ウ

3 (1) (I think they will be) useful when you study Japanese(.)
(2) (My) cousin has never eaten (Japanese food before.)
(3) (French and) English are spoken (there.)
(4) (Don't) go out without telling me(.)

4 (1) ウ　(2) イ

5 (解答例) (1) Can[May] I speak[talk] to Keiko(, please)? / I'd like to speak[talk] to Keiko.
(2) Thank you[Thanks] for the nice postcard[card].

6 (1) ① ウ　② ア　④ イ　(2) 使わないときには，閉じてかばんに入れて持ち運べる点。
(3) writing some words

解説

1 (1) 主語となるのは動名詞の形。Getting を選ぶ。**和訳** 朝早く起きることは簡単ではありません。

(2) あとに名詞が続くので，「～の」の形の代名詞を選ぶ。**和訳** 姉[妹]と私は，私たちの父のためにこのペンを買いました。明日は彼の誕生日です。

(3) the summer vacation という期間を表す語が続いているので，「～の間」の意味を表す前置詞 during を選ぶ。**和訳** 彼女は夏休みの間，水泳を楽しみました。

(4) 主語の Every child は 3 人称単数なので，動詞はhas になる。**和訳** すべての子どもがちがった夢を持っています。

(5) than があるので比較級の文とわかる。well 「上手に」の比較級 better を選ぶ。**和訳** ジェーンはボブより上手に日本語を話すことができます。

(6) 「～するために」と目的を表す副詞用法の不定詞を選ぶ。**和訳** ボブは始発電車に乗るために早く家を出ました。

(7) September は月なので，「9 月に」というときの前置詞は in を使う。**和訳** カナダでは学校は9月に始まります。

(8) 「だれが」を表す疑問詞 who が主語になっている疑問文。疑問詞のあとには動詞が続くので took を選ぶ。**和訳** だれがこの美しい山の写真を撮りましたか。

2 (1) August は「8 月」，September は「9 月」。**和訳** A：どの月が8月のあとにきますか。B：9月です。

(2) Yuriko's は「ユリコのもの」という意味。名詞に 's(アポストロフィー s)をつけると「～の(もの)」という所有を表す。mine は「私の

もの」。「彼女のもの」は hers。**和訳** A：これはあなたの本ですか，それともユリコのものですか。B：私のものです。

(3) 6：30は時刻なので，「6 時30分に」というときの前置詞は at を使う。**和訳** A：あなたは何時にここに来ましたか。B：6時30分に来ました。

(4) 「昼食後に会議を始めるべき」と答えているので，whenを選ぶ。when to ～ で「いつ～すればよいか」という意味。**和訳** A：私たちは明日，カフェテリアで会議をする予定です。いつ始めればよいか私に教えてください。B：私たちは昼食後に会議を始めるべきです。

3 (1) when のあとは〈主語＋動詞〉が続く。**和訳** 私はよい本を何冊か持っています。それらはあなたが日本語を勉強するときに役立つだろうと思います。

(2) neverを使った現在完了の否定文は〈主語＋have[has] never＋過去分詞～.〉の語順。**和訳** 私のいとこは今まで一度も日本食を食べたことがありません。

(3) 受け身の文〈主語＋be動詞＋過去分詞～.〉にする。**和訳** A：私はカナダで生まれました。B：あなたの国では何語を話すのですか。A：そこではフランス語と英語が話されています。

(4) Don't ～. は「～してはいけません」という否定の命令文。Don't のあとには動詞が続く。without ～ing で「～しないで」。**和訳** A：遅れてごめんなさい。B：どこにいたの，タロウ？　さがしていたのよ。私に言わないで出かけてはいけません。

4 (1) ア の Can I help you? は「お手伝いしましょうか」，イ の Where do you want to go? は「どこに行きたいのですか」，エ の What's